紀念

亡妻廖峰香博士

逝世 10 週年

叔本華的藝術等級及其音樂

莫 詒 謀 著

文 史 哲 學 集 成
文史哲出版社印行

國家圖書館出版品預行編目資料

叔本華的藝術等級及其音樂 / 莫詒謀著. --
初版. --臺北市：文史哲, 民 97.10
　頁：　公分. --（文史哲學集成；557）
參考書目：頁
ISBN 978-957-549-815-3 (平裝)

1. 美學 2. 藝術評論 3.音樂 4. 樂評

180　　　　　　　　　　　　　　97017695

文史哲學集成　557

叔本華的藝術等級及其音樂

著　　者：莫　　　詒　　　謀
出版者：文　史　哲　出　版　社
　　　　http://www.lapen.com.tw
　　　　e-mail：lapen@ms74.hinet.net
登記證字號：行政院新聞局版臺業字五三三七號
發行人：彭　　　　　正　　　　雄
發行所：文　史　哲　出　版　社
印刷者：文　史　哲　出　版　社
臺北市羅斯福路一段七十二巷四號
郵政劃撥帳號：一六一八○一七五
電話886-2-23511028・傳真886-2-23965656

實價新臺幣三二○元

中華民國九十七年（2008）十月初版

"緣"夢 — 代序

　　那已是 21 年前的往事，1987 年在台北出了一本名爲 "叔本華的美學原理" 的小書，當時我在序文中說 "這本小書只就叔本華的美學原理這部份來說明，至於叔本華眼中的各個層次的藝術等級這部份，等以後有機會再做有關的討論"，時光流逝，這一等就是 21 年。

　　來港後和佛教勝地 "志蓮淨苑" 結緣，由其主辦的 "志蓮夜書院" 每年都開設水平極高的佛學、哲學課程。2004 年書院負責人梁瑞明院長和我商討下年度開課事宜，最後確定以 "哲人之美—看叔本華" 爲題，分二學期講述，上學期講授美學原理：談天才，下學期討論藝術等級：論音樂。因爲美學原理：談天才，已於 1987 年在台北出版了，所以現在出版的這本書主要是下學期講課的主題 "叔本華的藝術等級及其音樂"。而這本書的前言 "美是恩賜" 正是我當年講課的開場白。

　　多年來我一直有個夢，希望把這本書出版以紀念往生十載的亡妻廖峰香博士。今年六月，是命運也是緣分的安排，台北市立體育學院舞蹈系所主任蔡麗華教授邀請我參與由該系所主辦的 "藝術與哲學的對話" 研討會，會後談起我有出版這本書的願望，沒想到蔡麗華教授很快就幫我安排好出版事宜，得到台北 "文史哲出版社"彭正雄社長的接納，同意將這本書出版面世。

　　在此，我衷心感謝爲"志蓮淨苑"默默耕耘的法師們、"志蓮夜書院"梁瑞明院長以及當年選修這門課的50位同學，是這些朋友使我能在靜雅的環境把心中所愛和有心人分享。另外，還要感謝蔡麗華教授以及文史哲出版社的彭正雄社長。因爲這些因緣圓了我這個夢，使我能在香港再次綻放心靈的花朵。

　　　　　　　　　　　　　　　　莫詒謀於台北旅次

　　　　　　　　　　　　　　　　2008 年 6 月 30 日

叔本華（Schopenhauer）的藝術
等級及其音樂

目　　次

第一章　前言 ── 美是恩賜

　　"付予個性一種「風格」，這是一種崇高而稀有的藝術"，我把尼采在"歡悅的智慧"書中這句話做爲本學年藝術哲學之船啓航前對所有有心人的祝福。我們每個人都有他的優點與缺點，但只要能在自我生命中創出一套只有你才有的獨創性，那就算是缺點都可令人著迷，當然這就要運用那令人羨慕的藝術了。

　　一般人講藝術不外乎談它的歷史及一些藝術家的作品與流派。層次高一點的則可提出藝術作品的物質與形式。最高級則可說是談藝術批評探討藝術品爲人類帶來的價值。因此絕大部份的人研究藝術都有先天性的毛病，就是局限在歷史的有限性當中。但是如果我們用哲學的觀點來看藝術則完全不是這回事，因爲藝術哲學有時可不依賴經驗條件而達到美的境界，所以藝術哲學是美學最好的敲門磚，事實上美學家就是哲學家，他們對現象界事物的回應是在盡量擺脫最普遍的原則和結果的前提下，能使自我放出光芒，就是企圖表現出其原創性及類別性，以便對美做出區分，並分析美的奧密。

　　但是這些對現象界的回應是否真能對藝術及美的沉思給我們一點靈感的啓發以及帶來好的鑑賞力而不致變成廢話。靈感大部份是來自自發性，鑑賞力則絕對是透過理性思考的結果。也可以這麼說，靈感或可爲創作帶來色彩，但鑑賞力則絕對不是創作。因此我們說透過理性來完成的藝術作品都不會是最美的，因爲這種理性美減少了天才的可能性，最大的價值只能是一種實踐的，無意義的、歷史性的、傳承工作。

　　理性美如果成功必定是一場災難，要解釋美，沒有比"由心而發"更高的境界。有智慧的人總有這哲學的片刻，在這片刻應該停止用理性推理，因爲我們個人的理性推理絕對不是整個宇宙，而整個宇宙的基礎不是只有一個理性推理。當然這種停止理性推理並非要完全排除經驗世界，而是走過經驗世界後，要懂得擺脫經驗，在沒有經驗的世界，我們還能知道我是誰？我在哪裡？我想做什麼？我正在做什麼？

　　長久以來多的是在經驗世界中探討藝術與美的所謂專家，因此會有各種不同形式對藝術及美的面相，但是如果我們用"心"去穿越古今中外的文化藝術，找出一些所謂藝術珍品來看看，這些珍品在經驗世界中亦是不完美的。原因就在於人不能因客體的存在而帶著我們主觀意識走，如此的美將陷入被動的有限性當中。我以爲真正的美應該像我們中國人畫國畫一樣，把自我的思想變成一張白紙，再下筆去成就一幅作品。這樣就顯出美的包容性，而且是不帶有任何物質經驗的純藝術。我們講純藝術一方面是指它必然與技術對立；另一方面是不外求任何利益，只在自我中找自我的目的去創作。就像梵谷（VAN GOGH）高喊著"創作能力就是我的生命"一樣，藝術才能進入神化的天才境界。

　　其實，美是既不完全在經驗之外，當然也不完全在經驗之中。任何一種美都有其原始性及單一性。在經驗之中，找到其原始性及單一性，而在經驗之外作個美夢。就在經驗之中及之外可以幫我們抓住問題，例如，我們認識一位新朋友是靠我們第一印象的感知，這是經驗之中可看到其單一性及原始性，但他卻是分秒都在變化而永不停止的，因此，第一印象的感知或許並不是真實的他。第一印象可能我們認爲他是個老實人，實際上，他卻是個騙子。這個例子也是美的一部份，因爲美有時不是真實，真實也不一定是美。我們老子說過“信言不美，美言不信”的話。多少可以知道有時作作夢其實也是一種美。每個活著的人，我們都可找到其特殊風格的主觀條件，一開始我們都可注意到，他並非由簡單的外表或一些精神傾向所組成。其實，個人的風格完全表達在他意識中以及對事物方法的態度上，這些都是在他自身中。最近我由台灣搬了一些書來港，其中有一本沙特的法文原著是 1984 年亡妻當年送給我的生日禮物，亡妻的題字我原文照抄與同學分享，上面寫著“年紀大了，並非變得更好或更壞，而是變得更像自己。與親愛的詒謀共勉，並賀其三十八歲生日。峰香敬贈 1984 年於巴黎”。對我來說這幾個字，比達文西的蒙娜利沙的微笑還要美。因爲這除了表達了與愛人的心靈感應之外，更鼓勵我，每個人都是一個存在實體，他的天職就是變得越來越無法取代，越來越完整。每個人的美就是這些不可再約減的品質所組成的原始整全。因爲無休止的演進令到美不停往前走，在往前演化過程中不斷有新物質出現，但同時一些新鮮的形式也不停的湧出。我們可以和這些新東西融合，但我們卻無法去界定它。

　　美學的條件是含糊不清的，所有對美的省思其實都應該是品質的感性流露。不過我們一談到藝術與美總會浮現出人的觀點及時間與空間的烙印：也就是美學常說的“創造與存在”的概念。自此美學就渴望成為一種藝術的經驗，是一種成熟融合的藝術經驗，並自知停止自我衝突，用認識自我去完成接納其他藝術經驗的成熟果實，以便達到對感情反思的連續性與完整性。雖然反思是行為之後的動作並不是美學中的創造，但不要否定各種不同的經驗並融合成為一個整體。之後才能去評判個人，雖然所有的個人意識形態都是經驗的，但對我們而言，要談美學就非常困難去拒絕它。當然如果我們老是被困在對這個人的意識形態的恐懼中，則永遠無法滿足我們對美學認識的需求。很幸運就在這時，我們想到叔本華在其“論美”的文章中指出，如果詩歌和造型藝術總是把個體作為其主體的話，藝術的追求就相當渺小和欠缺意義，所以叔本華認為藝術的本質是在於它的以一類千。

透過以一類千的本質，叔本華發展出一套意志美學。他是一名如假包換的後康德派哲學家，所以大致受康德對美學看法的影響，當然，也有受到前輩費希特和謝林的啓發，他曾說“在時間之外的就只有意志，亦即康德的自在之物”，所以，他把康德的“物自體”和他所標榜的意志看成是一件事。
而且他的意志是絕不可能成爲我們認識的對象，只
有在它“客體化”中才能成爲一種對象。所以叔本
華思想的主要特色可說是它的抽象性。有了抽象性
才能凸顯出其意志的主要特徵，就是重複不停不變
的講一件事。而其美學最核心的問題則是“什麼是
透過藝術沉思在生命的重複中所給我們在視野上的
本質？”所以，看叔本華，一切的問題都可由重複
來做爲起點。例如，叔本華美學中重要的一環就是
找出聯接藝術與重複之間的關係。他解釋藝術，不
借用超驗的功能，而是投入每日生活中的活動過程。
藝術的責任是要說明如何造就生命，如何重複意志。
他把生活分成二份，以便啓示本質。

　　叔本華美學重要的是他知道要調和，一方面是
不停的和日常最原本的生活習慣接觸，另一方面又
允許一種生命的哲學解釋以及生命的重複。就是我
們前面所講的走過經驗，再擺脫經驗，以達到純粹
無意志的境界，這時好像進入另外一個世界，在這
另外的世界獲得自由，這樣就和睡眠和作夢一樣，
叔本華還引述塞萬提斯說“睡眠是一件大衣，把整
個人掩蓋起來”。它能夠完全把我們由各種經驗條
件中抽離出來，解放出來，幸與不幸都消逝了。這

種調和我們已經不再是個體的人，而是一種認識的純粹主體，個體的人已經消失了。到了這個時候用叔本華的話說 "一個有權勢的國王也好，或是一個被折磨的乞丐也好，都不相干而是同一回事了"。這正是叔本華由關係而昇華出來的美境。

當然，藝術對叔本華而言，不只是在意志重複的自由視野，他同時也是把這種視野放在重複本身，因此他也接受由哲學與科學解釋的關係。由於他懂得意志之前的瞬間才是生命美的領航者。所以，可看出叔本華對藝術的看法是：一方面是沉思者在重複意志之上的視野，就其意義來說是整個重複，而在方法上則是唯一不重複的活動形式。如果我們打開他的 "意志與表象世界" 這本書，就發現到叔本華同時擁有意志功能上的重複系列以及表象功能的理性思考的條件。

叔本華說事物的整個藝術概念的結果是回答 "什麼是生命？" 這個問題。其實他早已指出生命就是不斷的重複，其意志理論已指出整個存在的基質是盲的及不停的重複的。藝術向生命學習到最多的就是由意志之前的瞬間到重複的原始性的過程。在這不斷重複的過程中，就有各種不同的藝術等級，叔本華告訴我們一般人只察覺到這一世界的事物，而不是這一世界；他們只是意識到自己所做的事情和承受的痛苦，而不是他自身。隨著意識的清晰度一直上升，沉思也就越來越明顯，他還說這種提升，會造就哲學家，藝術家及文學家，天才也是這種在意志與理智的分離達到了最高程度時產生的。這種意志與理智的分離，就表達了表象世界已達到完美的客體化。他還指出一些文學，藝術，哲學的粗制濫造者，說到底還是因為他們的理智與意志太過緊密的關係。所以叔本華以為藝術的特長是使重複消失，雖說生命是重複，但藝術則是不朽靈魂對觀念的回憶。所以，叔本華的美學不只是意志的沉思，而是針對一種意志之前的感應，這種意志之前的感應是其美學思想最重要的出發點。我們認為這種叔本華式的回憶可算是叔本華美學分析整體的基礎。

就在這種基礎上，建起了叔本華式的音樂王國，在其王國中無論如何解釋說明，都可發現其實也是感覺與意志的即刻顯現的複製品，更可看到和意志的重複很遙遠，他在其"意志與表象世界"一書第三篇中，對音樂也交代得很清楚，他以為一切音樂是不可言說感人又親切，總是在遙遠的地方掠過我們面前，他是這麼容易充分領會又這麼難以解

釋，原因都是由於音樂把我們最內在的本質所有一
切的動態都反映出來了，但卻又完全不著實際而遠
離實際所有的痛苦。他更強調即使再來一次，"重
頭再奏"永遠都是樂耳的，因爲音樂的語言使人舒
適，要完全領會其內容及意義，人們就有聽兩遍的
必要。所以，我們指出叔本華的音樂意味著原始主
題的再現，而這原始主題所講的就是生命意志是永
恆的重複。

　　無論是生命抑或意志的重複，叔本華的美是在
追求一種愉悅，但是他的美的愉悅絕對不可能由表
面來解讀，他喜歡用概念與直覺來描述人生，其美
學的愉悅亦不例外，首先他認爲要達到愉悅必須要
使意志空白，所以必須解放概念，達到我所形容的
人爲的愉悅，然後才能進入到意志原始條件化的夢
境，也就是直覺的愉悅。當然在其人爲的愉悅和直
覺愉悅之間是有矛盾的，但照叔本華的美學經驗，
這兩種愉悅是可能並存的。如果生命的舞台劇是悲
痛的來源，直覺愉悅則可爲生命注入喜悅之源。兩
者其實可以共存，何況美的愉悅本質上看就是模稜
兩可的。這正就表達出叔本華的思想，包涵了一種
由內在矛盾一直到外在的美學經驗。能了解叔本華
的真正意義，我們才算悟通了叔本華，也才真正知

道生命本身就是充滿矛盾，只有用心將智慧放入到生命中，並能達到莊子的“無己”也就是我經常掛在口邊的忘記自己，才是叔本華的美，能達到這境界美就是一種恩賜。

　　藝術哲學之船馬上就要啓航了，船長說讓我們把方位定好，目標是我們生命的未來，方向就在“美學在生命的價值”的航道上，要我們去打開叔本華藝術哲學之美，朋友們！上船吧！

第二章　藝術及叔本華的藝術

第一節　什麼是藝術

　　藝術是個既傳統又現代的價值。它的傳統是由於它必需保有其原始性。它的現代則是因爲它必然有的自發創造性。　我說藝術是一種價值，因爲它可令人們產生一些理想，甚至幻想，在追尋這個理想價值的過程中享受到生命中自我的幸福感，這幸福感則是透過藝術造就出來的美所完成的感覺。那麼什麼是藝術？古今中外，一談到藝術總有一種說不清講不明的感覺，好像藝術本身總是蓋著一層神秘的面紗一樣，人們只能隔一層紗來找尋藝術，所以藝術是誘人的，是令人想往的。但就像盧梭在其得獎論文 "論藝術與科學" 一文中提過的一段話很可以形容藝術的奧妙，他說，"我們不知道、詭辯家不知道、詩人不知道、演說家不知道、藝術家不知道、我也不知道，真、善、美是什麼：但在我們之中卻有著不同想法，盡管這些人不知道，但大家都認爲知道一點"[1]，我們認爲藝術就是這種其實不懂，但是又好像知道一點的東西。而以"戰爭與和平"名滿天下的大文豪托爾斯泰（Léon Tolstoï）也曾經說過藝術是一種產生美的活動，但如果要問到什麼是美，則到今天都絕對找不到答案，每一次關於美學的新著作出現，對這個問題就有一種新的答案[2]。而德國哲人海德格（Martin Heidegger）在他論藝術作品的起源一文中開宗明義講得很清楚，他以爲藝術作品的來源是藝術家，藝術家的來源是藝術作品，兩者缺一不可。藝術家及藝術作品在他們之間能互相帶動是透過原始存在的第三者，這個第三者就是藝術作品及藝術家給它的封號：藝術。藝術只是一個完全不能與真實相稱的字眼。另外和海德格同時代的法國藝術哲學家，引領 20 世紀美學主流思想的 André Malraux 在他"沉默的聲音"書中則強調風格，認爲風格是藝術作品能顯示出來的條件，更在說明什麼是藝術時指出將形式轉化爲風格

---

1 Jean-Jacques Rousseau , Discours sur les sciences et les arts , Éditions Gallimard , Paris , 1964 , P.37.

2 Léon Tolstoï , Qu'est-ce que l'art ? Traduit du russe par Teodor de Wyzewa , P.U.F. Paris , 2006 , P.28.

就是藝術。[3]

　　所以藝術到今天，我們人類任由中外大哲學
家，大藝術家都無法給它下個定義，大家心照不宣
的相信藝術是人類透過個人的情感而發出的一種對
未來的企盼，也就是說一種自我的想像，所得出來
的一些對現實生活及自我走向的一種關係。就如法
國以極端實証主義為思想背景的哲人 Taine 在其巨
著"藝術的哲學"中所說的，藝術作品是和社會環
境以及各種種族，氣候或習俗等各種時代元素有密
切關係。就是人們所擁有的知識、感情、欲望，甚
至於對未來的幻想等等關於人的綜合心理對經驗所
產生的互動，也就是現實生活和精神世界交流的活
動，用哲學語言形容，就是本體與現象的交融，或
主體與客體的單一化。用美學或藝術語言就是透過
主體性對客體性所作出的審美批判。當然正因為是
主客體兩個個體的溝通過程，就會產生一些所謂深
淺的程度。完全是以主觀而發的一些對客觀世界的
情感，一般人對藝術生命的境界，也是有其歷程，

---

3 Martin Heidegger , Chemins qui ne mènent nulle part , Traduit de
　l'allemand par Wolfgang Brokmeier , Gallimard , Paris , 1962 ,
　P.11.
　André Malraux , Les voix du silence , Gallimard , Paris , 1951,
　P.270.

一個初學繪畫的人一定是要把畫畫得和被畫的實物相似，像得越多感覺越是好畫，這叫以物畫物，層次提高一點後，就覺得不用太緊張，只要用心，把實物畫得像眼睛所看到的實物就好了，這就進入到以心畫物，等到這畫家人格成熟後，他就進到更高的境界，他覺得只要用心畫出我心中所看到的實物就行了，畫出來的畫和實物像不像這已經不是最重要的事，這就叫做以心畫心。也就是佛家心經所講的"色不異空，空不異色，色即是空，空即是色"的境界。

我們中華民族二千多年來主流的思想中，如儒家思想及道家思想，都是把生活實踐在藝術上，儒家強調以家為基礎，由家為種子發展出以血緣為基礎的人與社會的關係，完全是以情感所成長結構出來的人倫藝術，儒家講中庸之美，強調主客對立的協調，強調內在生命的圓融，因此，人性必然是感性與理性的結合，人的感情追求智慧，盼望日常現實生活中能達到滿足,而不是超越凡塵世界，是實踐性的藝術。而道家思想則是一種超越的藝術，老子道德經中有很"退後就是向前"的藝術哲學，我們常說要偷雞，得先蝕一把米，這就是老子以退為進的超越藝術。人為了急著成功，功利必強，但老子

卻說"自見者不明，自是者不彰；自伐者無功，自
矜者不長"[4]，老子這一套人生藝術是告訴我們人想
成功，要有自我修養的謙虛，要時時努力，但是不
要急著上位，要有耐性自修等待機會的來臨，才能
順其自然的向前走。從無與有的融合而成其宇宙的
生長，由恍惚混沌爲起點中途吸收了各種宇宙間的
雜多，使成爲清晰明確，到這時已提升到更高層次
的恍惚混沌，這樣無限的發展，這就是"無名天地
之始，有名萬物之母"（道德經第一章）生命藝術
的境界，當然老子更說"五色令人目盲，五音令人
耳聾，五味令人口爽，馳騁畋獵令人心發狂"（道
德經第十二章），我們說道家的藝術是在意境上，心
靈上的淡泊風格，和儒家人生藝術，實踐方法上是
不同，但目的則是完全一致，就是都走向人類宇宙
的和，所以老子又說"有無相生，難易相成，長短
相較，高下相傾，音聲相和，前後相隨，是以聖人
處無爲之事"（道德經第二章）。總之，我們中國文
化中的二大思想主流，雖然由看得見與看不見的兩
種不同方法的藝術價值發展，但其目的只有一個就
是追求一個和字。我們中國人無論是實踐或心靈方

---

4 王弼著，老子道德經注，陸德明釋文，世界書局，台北，2001，
　第 24 章。

式的藝術其實生活就在藝術中，只是一般人不察覺到，在此提出筆者的看法，希望我們能注意去享受藝術的人生。

　　西方人就比較深入去論及藝術，本書是寫叔本華，觀念較以西方藝術爲主。其實藝術（ART）是由拉丁文 ARS 發展出來的，一般是說技能，手工藝，技術知識，又因其兼有希臘來源的科學技術及拉丁來源的文藝演化的傳統，所以我們在本書就把它統一起來用個迷人的字眼叫做藝術。

　　西方文化亦爲多元化來源而發展到今天，不過歷史有文字記錄的，當以在古希臘文化爲最重要，尤其是藝術與哲學，當然不能不談到古希臘，在古希臘不只建築，史詩特別發達，而且繪畫、雕塑、音樂、戲劇都很發達，中西文化都有不同的文化發展，而且各自有各自的特徵，兩者之間有很大的差別，例如西方人講藝術大部份都由理性與非理性，或者經驗與超驗講起。柏拉圖(Platon)就這樣說 " 人類有很多藝術，是經驗的力量，憑著經驗而揭發出來：經驗引導我們在藝術指導下過生活，如果缺少經驗就只能在偶然中摸索。不同的人用不同的方法去選擇不同的藝術，最優秀的人選擇最好的藝術"

5。一般經驗意味是一種簡單去實踐，而和理論無關
的，就是透過這種連續和活動的上層形式發生關
係，這上層形式指的就是藝術，而這種藝術似乎簡
單地由經驗的推廣普及和堆積而來的。所以亞里士
多德在其"形上學"一書開頭就這樣寫到"經過一
些雜多的經驗概念，表現出以一種普通的判斷應用
到所有同類事物上，藝術就由此而生"6。而且記憶事
實上是感覺印象的保存，亞里士多德說"經驗是由人
類記憶而來"7，當然這感覺就不是表面的形式而已，
Merleau-Ponty 在提到現代藝術之父塞尚（Cézanne）
的畫時認為，塞尚的畫絕對不涉及到自然顏色的外
表顏色，而是我們腦袋和宇宙之統一後的立體顏
色，Merleau Ponty 說 "塞尚（Cézanne）的調色板的
組成推想是有另一目的：有 18 種顏色而不是角柱體
（Prisme）的 7 種顏色，包括 6 種紅色，5 種黃色，
3 種藍色，3 種綠色，一種黑色，還以塞尚回答 Bernard
的話，關於自然與藝術是不是不同的問題，提出我

---

5 Platon，Gorgias，Traduction et notes par E. Chambry，Garnier
  Frères，Paris，1967，P.169．
6 Aristote，La métaphysique，Tome I，Nouvelle édition entièrement
  refondue，avec commentaire par J. Tricot，Vrin，Paris，1964，
  P.5．
7 Aristote，La métaphysique，Tome I，Nouvelle édition entièrement
  refondue，avec commentaire Par J. Tricot，Vrin，Paris，1964，P.4.

希望他們兩者是統一起來的，藝術是一種個人的統
覺，我把這統覺放在感覺中，以及我運用理智去組
織成作品"[8]，以說明藝術是感覺的思想。由塞尚
1879年名畫"靜物"中可看到他放棄傳統的繪畫的
方式，用空間做爲畫底以及用色彩的明亮度去襯托
出全幅畫來，他把顏色在統覺支配下放入感覺中，
他這觀念爲藝術帶來新的世代。所以，藝術是離不
開感覺的。因此，對希臘藝術家來說，模仿則是普
遍的藝術原則。從經驗及模仿的特徵可看到西方傳
統藝術是由手工藝文化發展出來，在手工藝文化之
中，藝術意味著產品的整體，這結果就造成手工藝
的產品同時也是藝術作品。因此，藝術家只是個手
工業者。在這不只看到藝術生產的過程是手工藝者
的特性，更深一點看，藝術的功能更完全沒有美學
純粹地合目的性。只是一種實用性。這就是康德
（Kant）所說的"我們說對某些事物是好的，這些
東西只作爲手段而使人喜歡"[9]，這種藝術只是一種
奴隸式的藝術，是無法達到心領神會的境界，所以
不只亞里士多德強調論美及合目的性在大自然的作

---

8 Maurice Merleau-Ponty，Sens et non-sens，Cinquième édition，
　Nagel，Paris，1966，PP.20-22.
9 Immanuel Kant，Kritik der Urteilskraft，Fourier Verlag，
　Wiesbaden，2003，P.673.

品中要多過在人類的產品[10]，亞里士多德的老師柏拉圖對這種奴隸式的美在其〝飲宴篇〞（Le Banquet）中有精彩的說明，他以為人不能過早獻身於形體的美，如果他是被這樣教導的話，他可以只愛一個形體，由這生出更美的談話。另外他要思考到這個形體的美是其他美的姐妹是有關聯的。如果太過沉醉於形體之美，就會愚蠢的否認所有形體的美都是同一種美。如果他認同這個真理，他就會限定自己要去愛所有美的形體，而把對某個愛的對象限定在某個層次上，顯得渺小而不重要。進而應該學懂心靈美比形體美更珍貴，能將美的對象擴大範圍，他就不會再像一個平庸的奴隸一樣[11]，相信以西方這些大哲學家的看法，手工藝文化的藝術是無法在美學發展中找到美術的理論。

在 18 世紀後半時代，雖在傳統中無論是拉丁文

---

10 Aristote，Parties des animaux，Livre I，Traduction de J.-M. Le Blond，Introduction de Pierre Pellegrin，Flammarion，Paris，1995，P.39.

11 Platon，Le banquet，Trduction et notes par E. Chambry，Garnier Frères，Paris，1964，PP. 71-72.
　　黑格爾在〝像形畫的美學〞書中也強調藝術必須在已存在的純粹形式中的模仿之外有另外一種目的，模仿只給了人工技術的一個開始，和藝術作品完全沒有任何共識。
　　參閱：Hegel，Esthétique de la peinture figurative，Textes réunis et présentés par Bernard Teyssèdre，Hermann，Paris，1964，P.39.

化，亦或希臘文化都在同一意義上認同了手工藝藝
術的能動性。但由於工業技術的發展，工業技術超
越了傳統技術。這種技術的新術語的用途說明了一
種新事實的出現。但技術一般被看成是應用科學和
藝術是完全相反的，康德就確定一切技術實踐的規
則，就其原則而言是完全以概念爲基礎的，也必須
被看成是理論哲學推理的結果[12]。康德後輩，Cassirer
也有類似的看法，他認爲藝術是一種真實的強化，
我們可以把藝術描寫爲一種持續具體化的過程。而
且像所有其他的符號形式一樣，藝術並不是對一個
完整的現成事實做單純的複製，它是引導人類生活
和事物客體性帶來看法的途徑之一[13]。而康德這些技
術實踐的規則，是爲了產生依照因果的自然概念所
可能產生的結果[14]。自從康德的解釋後，技術可界定
爲應用學科，這種純然以對自然認知結果來評估人
類生命價值的行爲效果的思潮，所以技術自然是和
藝術對立的。造成兩者對立狀態，相信與技術是集

---

12 Immanuel Kant , Kritik der Urteilskraft , Fourier Verlag ,
　　Wiesbaden , 2003 , P.647.

13 Ernst Cassirer , Essai sur l'homme , Traduit de l'anglais par
　　Norbert Massa ,Les Éditions de Minuit , Paris , 1975 , PP.
　　204-205.

14 Immanuel Kant , Kritik der Urteilskraft , Fourier Verlag ,
　　Wiesbaden , 2003 , P.648.

體造作，而藝術則以個人成敗爲範圍有關。科學與
技術談的是進步的新方法，新觀念，但是這些對藝
術而言是毫無意義的，透過方法在科學、技術上可
堆積出一些集體的成果。但事實上在世界中沒有什
麼可以超越美學的成就。生活上的科技進步真是每
天在超越，1990 年代，我們的手提電話是巨型的，
但到 21 世紀初已經進步到微型外表但功能則進步
到各種高科技的效果，理論上也看到牛頓（Newton）
物理被相對論超越了。但藝術曾如康德說的藝術是
不能把它用任何公式或規條寫出來做爲範本的，他
還說荷馬也好，維蘭（Wieland）也好，都不能表達
出來，在他們的腦袋中那些詩的豐富觀念，同時思
想上的充沛如何能產生出來並匯聚在一起，因爲他
自己都不知道這一點，因此就不能把這些精華教給
別人[15]。所以這種藝術是有局限性的，因爲它受制於
藝術與手工藝者生產方式有關，所以康德就在他判
斷力批判第 43 節論一般藝術中提出了：1. 藝術與
自然不同，2. 藝術與科學不同，3. 藝術與手工藝不
同等三種不同觀點的區分。康德就用藝術與手工藝
的區分企圖解放這種藝術的有限性，他分析藝術與

---

15 Immanuel Kant，Kritik der Urteilskraft，Fourier Verlag，
　　Wiesbaden，2003，P.765.

手工藝不同的時候指出藝術是自由的藝術，手工藝可稱為雇工的藝術，我們把前者看作好像它只能作為遊戲，就是一種本身就使人快樂的事情而得出合目的性的結果，而後者只能做為勞動,即一種本身並不快樂而只是透過它有利益的結果吸引人的事情，因而強加於人[16]。藝術和手工藝術成對立關係是因為手工藝可界定為雇工似的唯利是圖，而藝術則顯示出一種自我的快樂，所以在技術的藝術中圖利的手工藝就不是藝術，只有把圖利的勞動轉化為單純的遊戲，就能最好地促進自由的藝術。而自由藝術則是手工藝者與科學之間的中介，因為中世紀的自由藝術是一種完全沒有功利產品觀點的運作活動。

　　到了當代，在產品的當代形式的出現中給與藝術新的意義，一方面藝術反對技術，藝術還是像手工藝藝術，是一種先於科技的產品形式，但方法上還不能嚴謹的界定。另一方面，透過反對利益，藝術則保持一種在自我中找到他目的之作品的創作。就像 Cassirer 說到盧梭放棄了所有古典主義和新古典主義傳統的藝術理論，對他來說，藝術不是經驗世界的描述或複製，而是情感和感情的流溢。盧梭

---

16 Immanuel Kant ， Kritik der Urteilskraft ， Fourier Verlag ， Wiesbaden , 2003 , PP. 760-761.

在 La nouvelle Héloïse 書中肯定了一種新的革命性
能力。模仿的原則曾經連續好幾個世紀佔了上風，
但今後則給新概念一席之地，一種新的理想：一種
"個別性格的藝術"[17]。現代以研究藝術創造的心理
學觀點出名的前倫敦大學古典藝術史教授 E.H.
Gombrich在其"藝術與幻覺"一書中提到只有對自
然的模仿是不夠的，他用柏拉圖"理想國"中木匠
和畫家的例子來說明"不是由範疇和概念來產生興
趣，而是由於一些客體的特殊性"[18]。而這種自我創
作模式排除外在利益的藝術方式，康德則更白紙黑
字表露無遺，這種反利益的康德式的藝術，就是爲
藝術而藝術理論的基礎，也就是說藝術是一種自我
的目的，這樣藝術顯示在他的純形式中，同時亦成

---

17 Ernst Cassirer , Essai sur l'homme , Traduit de l'anglais par
Norbert Massa ,Les Éditions de Minuit , Paris , 1975 , P.201.
18 E.H. Gombrich ,Art & Illusion , A study in the psychology of
pictorial representation , Phaidon , London & New York , 2002 ,
PP.83-84.
　　藝術離不開模仿這概念，但一般講模仿只注意到不會變化的概
念，前哈佛大學哲學教授，大師級的英國分析哲學的著名代表
之一 Nelson Goodman 談到模仿時，他參考了很多資料後提出
他的看法，他認爲"需要和成見不僅支配了看的方法，同時也
支配了所看到的內容"，雖然筆者並不同意 Goodman 在藝術上
持相對的態度，但他這句話，我們是認同的。所以，我們也同
意模仿是絕對不會有完美的模仿。
　　參閱：Nelson Goodman , Languages of art , An approach to a
theory of symbols , Oxford University Press , London , 1969 , P.7.

爲在美學發展的形式中意識獲得的客體。所以藝術
的定位是一種創造能力，這種創作的能力我們把它
稱爲人的神性部份，亦即"天才"，而純藝術理論
的責任就是要把藝術產品的形態帶入天才創作的境
界。另外，在 20 世紀巴爾（Bâle）出身的瑞士美學
家及藝術史家 Heinrich Wölfflin（1864-1945）在其
名著"藝術史的基本原則"一書中，論述現代藝術
中風格的演化問題時提出了藝術發展的五組基本範
疇，自他提出這理論後竟成爲經典有名的"純粹可
見性"（Visualité pure）的標準，這五組範疇就是：
線與繪畫，面與深度，封閉形式與開放形式，雜多
與統一，相對與絕對的明晰度[19]。由他這五組藝術發
展範疇可以看到，藝術是一種由概念開始走向精神
的過程，由此不但看到藝術已走入純藝術的意境，
而且還必定是無止境的發展下去。就像 Georges
Didi-Huberman 所說的藝術史總是要新開始[20]。也就
是說藝術是自有人類開始就存在的東西，而人類生
活是與時共進，所有人類每一分秒的變化與發展，

---

19 Heinrich Wölfflin , Principes fondamentaux de l'histoire de
　l'art ,Traduit par Claire et Marcel Raymond , Gérard Monfort
　Éditeur , Saint Pierre de Salerne , 1992 , PP. 11-12.
20 Georges Didi-Huberman , Devant le temps , Les Éditions de
　Minuit , Paris , 2000 , P.85.

就是藝術的新發展。

　　人類和其他動物不同的是我們有語言，所以在眾多藝術中，語言藝術佔第一位，所以藝術可說成是實踐的，現代意義看藝術是實用的。另外有股藝術新潮流，例如浪漫藝術主義，印象主義及表現主義，這時藝術作為一個媒人，所強調的是表達與溝通。而 20 世紀有爭論性大的、最瘋狂、最不可信的後現代藝術，所謂陳列藝術，例如人體藝術，廢物藝術，Cadavres（酒瓶藝術），Prostitués（淫業藝術）等等。這種藝術令人質疑其唯美主義的概念。

　　西方亦可細分藝術之名稱，一般可由人類歷史中分為古代，中世紀，啟蒙時期，及現代四個時期均有各期的藝術名稱，在古希臘的希臘神話中 Muses（繆斯）的九位女神，它象徵著九種藝術，其中包括史詩的詩：Calliope，歷史：Clio，抒情詩：Érato，音樂：Euterpe，悲劇：Melpomène，手勢及書寫藝術：Polymnie，舞蹈：Terpsichore，喜劇（La Comédie）：Thalie，天文：Uranie。這 9 位藝術女神之名早在公元前 18 世紀在愛西歐得（Hésiode）這位大詩人已為我們介紹了，但還是到了柏拉圖（Platon）才把 Muses（繆斯）定位為神與詩人或其他創造者中間之媒介[21]，這時期如法國藝術家 Nicolas Boileau 形容的可稱爲古典主義的藝術期，神是這時期藝術等級的首位。

到了中世紀藝術分類有了不同，並未區分出科學的藝術，只區分自由藝術（Les Arts Libéraux）和機械藝術（Les Arts Mécaniques）二大類。而自由藝術又分爲三藝（Le Trivium）及四學科（Le Quadrivium）。三藝是指修辭，語法，辯証法。四學科則是算術、幾何、音樂、天文。而機械藝術則指建築、雕塑、繪畫及金銀製品（Orfèvrerie）。這時期的藝術已由可觸摸得到的物質轉化而來，可列入奴隸的藝術，但亦有認爲藝術家有超越感覺事實的能力。

十八世紀由啓蒙運動打開了人類另一藝術篇章，由底德羅（Diderot）和達朗貝（D'Alembert）百科全書派的學者提出了美術（Beaux-Arts）範圍的四藝術；其中包括建築、雕塑、繪畫、及雕刻（Gravure）。這時期的藝術氣份可以說完全以物質、概念來領導著思潮，神是不存在的，在"達朗貝的夢"（Le rêve de D'Alembert）書中 Diderot 就

---

21 Platon, Ion , Traduction et notes par E. Chambry, Garnier-Flammarion, Paris, 1980, P.416.

是用哲學的科學反思去啓示唯物主義詩歌的價值。
由 Diderot 一句簡單的話已可意識到藝術、音樂一切
是由物質而起，他說泡了水的小提琴其奏鳴曲是沒
有用的[22]。到了 19 世紀初啓蒙時代的藝術分類才由
黑格爾（Hegel）一錘定音，區分爲五大藝術，他還
在其 "美學" 一書中說我們賞試過許多其他分類，
藝術作品有很多不同的作品，我們可以一下選擇這
個分類，一下選擇另一種分類，而他則依先後排列
分類爲 1.建築、2.雕塑、3.繪畫、4.音樂、5.詩[23]。
托爾斯泰也有和黑格爾相同的藝術分類，他在 "什
麼是藝術？" 一書中明確指出 "藝術就是在整個它
們的形式下的建築、雕塑、繪畫、音樂和詩"[24]。

　　曾如黑格爾說的，藝術作品有很多不同作品，
而且分類上可以任君選擇，而且經由科技的發展，
很多日常生活中的新產品應運而生，例如義大利旅
法藝術界知識份子 Ricciotto Canudo ，就在 1919 年

22 Diderot , Le Neveu de Rameau , Éditions établie , présentée et
　 annotée par Pierre Chartier , Librairie Générale Française , 2001 ,
　 P.48.
　 另外 D'alembert 是個大數學家，可說完全走經驗主義之父培根
　 （Bacon）之路，科學的類別可相對於記憶，理性及想像三類。
　 而盧梭雖是和他們同時代的啓蒙運動者，但和他們並非同路人。
23 G.W.F. Hegel , Esthétique , Premier volume ,Traduction S.
　 Jankélévitch , Flammarion , Paris , 1979 , PP. 130-131.
24 Léon Tolstoï , Qu'est-ce que l'art ? Traduit du russe par Teodor de
　 Wyzewa , P.U.F. Paris , 2006 , P.24.

推出以電影藝術為第七藝術而打開了當代藝術的大門。他在其 1911 年出版的 "第六藝術的誕生" 書中強調電影實現了時間藝術和空間藝術的綜合，在他眼中電影是一種所有藝術的綜合。而且還在 1922 年創辦前幾名當中之一的電影雜誌 "七種藝術的雜誌" （La gazette des sept arts）。但是經過將近一個世紀，人類到今天對電影都尚未有定論。因為當今包括：繪畫、雕塑、建築、音樂、文學、舞蹈、戲劇、電影等八大藝術當中，電影集合了前七大藝術的特質，所以就把電影說成「第八藝術」。法國大詩人，藝術家於 1955 年入選法蘭西學院院士（L'Académie Française）的 Jean Cocteau 亦曾盡心盡力提倡電影藝術，並以第十個繆斯（Muse）來稱電影藝術，但並未引起風潮。而正當戲劇與攝影爭奪藝術第八位的時候，有電視的出現而有了第八藝術就是陳列推介藝術的共識。到了 1960 年代由於 Morris 及 Pierre Vankee 的 "Journal de Spirou" 雜誌的成功而把連環圖畫稱為第九藝術，跟著有錄像科技的發明而有了第十藝術的名號。到今天在歐洲有些國家的美術學院都會除了建築、雕塑、繪畫，及雕刻外，加上音樂作曲，電影及視聽，攝影等的各種藝術項目。在年代上越靠近現代的藝術分類，

越是繁雜而未能正確成爲定案。由於科技日新，例
如數位藝術，行爲藝術，生物藝術等，到今天都尙
未能正式進入傳統藝術排行榜。

　　由上觀之，要給藝術下定義是非常困難，甚至
是不可能的，但是曾如托爾斯泰所說給藝術一個正
確的定義，是必須的，在一切之前必須停止去把藝
術當成快樂的來源，而要把它看成是人類生活的條
件之一。如果我們同意這個看法，我們就不能不去
確認藝術是人際之間溝通的方法之一[25]。

---

25 Léon Tolstoï , Qu'est-ce que l'art ? Traduit du russe par Teodor de Wyzewa , P.U.F. Paris , 2006 , PP. 54-55.

第二節　叔本華的藝術

　　前面簡單介紹了藝術及其自古以來我們一般人所講的藝術的內涵，現在進一步來看看叔本華的藝術，在說叔本華藝術思想之前，順便講一下，在十九世紀歐洲的美學思潮主要是兩大美學理論支配著，其一是由當時普魯士王朝的紅人，提出國家之上存在著一股努力走向絕對精神並由科學、宗教、藝術而成的，三位一體的至高無上的精神實在理論的哲學家黑格爾，他的絕對精神為最高領導的美學思想所主導，而後由法國行動派藝術哲學家以其巨著"藝術心理學"（Psychologie de l'art）（1947-1950）而成名，並建立藝術觀念主義，指出在任何時間，藝術家的作品不在於創作他所看到的，而是在所有藝術的創作中有一種真正沒有人性的及超人性的幻想視覺，因此進入藝術經典級人物的 André Malraux （1901-1977）繼續發揚光大的美學方向。我們在此同意 Jean-Luc Chalumeau 的說法，就是黑格爾的觀念主義是經過 16 世紀 Giorgio Vasari（1511-1574）用他藝術史的觀點，把完美觀

念的自我活動的思想注入到 16 世紀歷史的觀念主
義的傳統中的一種和傳統有別的觀念主義，而且在
19 世紀由黑格爾發揚光大[26]。所以，可以說 Malraux
的觀念主義亦是受到 Giorgio Vasari 影響的。另一美
學主導思想就是由黑格爾在柏林大學的同事，強調
經驗告訴我們，它存在著各種等級的存在階梯，而
意志的不同形式，其恆量可成為某種類別的材料，
並和柏拉圖式的觀念階梯相一致的意志哲學家叔本
華所提出的美學理論，並由尼采繼承其思路的非理
性美學思潮，但進入 20 世紀則由黑格爾的美學系統
獨領風騷[27]。叔本華曾經形容過藝術，他以為我們必
須要把藝術看作一切存在的完成以及更完美超越的
發展，因為透過本質，藝術可以把同樣的事物帶到

---

26 Jean-Luc Chalumeau , Les théories de l'art , Librairie Vuibert ,
　　Paris , 2007 , P.36.
27 巴黎第四大學前哲學系主任 Jean Lefranc，提出 19 世紀美學兩
　　大領導主流為黑格爾和叔本華，到了 20 世紀則以黑格爾美學為
　　主流。
　　參閱：Bulletin de la société française de philosophie ,
　　Schopenhauer , Penseur《Fin de Siècle》92e année , No.1 , Janvier
　　- Mars 1998 , Paris , P.16 .
　　黑格爾晚年（1818-1831）在柏林大學講授美學時，就已經站在
　　哲學家的位置看藝術，他提出二個基本的問題：藝術如何由思
　　想解脫出來？以及藝術如何成為精神生命的一部份？每個時代
　　都透過一種風格及藝術形式的精神來界定。
　　參閱：Xavier Barral I Altet , Histoire de l'art , P.U.F. Paris , 2004 ,
　　P.97.

看得見的世界，而且更濃縮、更完善，經由心靈的選擇和反思使藝術這個字的詞義成為人生的花朵。如果把世界看成表象，那世界只是意志的出現，成為感覺的東西，藝術確實就是這種可見的感性，不過更清楚明朗，更純潔地顯出事物，使事物更容易概覽的照相機，是"哈姆雷特"一劇中的戲中戲，舞台上的舞台[28]。

很明顯叔本華的藝術就是由意志演發出來的各種客體化的不同過程中的等級變化。由於筆者在1987年所出版的"叔本華的美學原理"已介紹過其美學的理論，例如沉思的功能，意志的客體化，美的理論，崇高的理論，以及天才論等，筆者不再重複在本書論述，所以不會再用專題方式詳細說明其美及藝術的理論，只會在論述其各種藝術時順便說明其藝術思想。在叔本華的著作中討論藝術及美學的部份，大約說來就是在"意志與表象世界"這本書第一版及第二版的第三卷以及其論文集（Parerga und Paralipomena II）其中第19章"談美學與美的形上學"（Zur Metaphysik Des Schönen und [zur]

---

28 Arthur Schopenhauer, Die Welt als Wille und Vorstellung I, Sämtliche Werke, Band I, Suhrkamp, Frankfurt am Main, 1986, PP. 371-372.

Ästhetik）中有很詳細的描述。在 "意志與表象世
界" 第 36 章他就提問到，在考察那不在一切關係
中，不依賴一切關係的，這世界唯一真正本質的東
西，世界各現象的真正內蘊，考察那不在變化之中
因而在任何時間都以同等真實而被認識的東西，總
之，在看觀念，在看自在之物，也就是意志直接和
恰如其分的客體時，是靠那一種知識或認識的方
法？這種認識的方法就是藝術，就是天才的工作。
藝術使那些透過純粹沉思而把永恆的觀念再現，使
世界所有現象中本質的和永久不變的東西再現，而
再現把材料確定爲造型藝術、詩及音樂。……而且
還把藝術解釋爲獨立於充足理性原則之外觀察事物
的方式[29]。叔本華要永恆的觀念再現，就是把柏拉圖
的觀念當成真正的對象。雖然叔本華是強烈反對藝
術有 "目的" 、有 "對象" 這種理論。但是我們認
爲他一切是以觀念爲最高的一個模仿的目標，並肯
定一切對現象界現實的模仿都和藝術毫無關係，所
以觀念可以說，如果叔本華的藝術有目的的話，就
是只有觀念成爲其獨一無二的目的，在藝術的美

---

29 Arthur Schopenhauer , Die Welt als Wille und Vorstellung I ,
　 Sämtliche Werke , Band I , Suhrkamp , Frankfurt am Main , 1986 ,
　 P.265 .

中，觀念亦可說是藝術所表達的內涵，而藝術則是把觀念表達出來的一個工具。在觀察事物的目的就是叔本華那一套要拔去意志，企圖能達到解除人類痛苦的方法，我們肯定的說，叔本華正是把藝術看作解除人類痛苦的可能方法，他以爲藝術能超越自我，超越物質的潛能，可以到達無欲無求的境界，因爲在生命中企圖追尋無限的欲望，不斷爲意志所提出的要求而操心，這需求總是充滿和支配我們的意識，但如果沒有平靜，就不會有真正的幸福。這樣，欲望的主體就好像永遠綁在伊克西翁（Ixion）的風火輪上，好像是用但那頓（Danaiden）的穿底桶在打水，好像是身處水深齊肩而永遠喝不到一滴水的東打盧斯（Tantalus）[30]。

關於這種非我、去物質的方法，德國哲人 Adorno 就對叔本華做出批評，Adorno 說叔本華的特性原則，是所有空間、時間及因果關係在藝術中都是一種次要的存在。但是，他認爲如果藝術完全沒有邏輯性及因果性，藝術就缺少了和他的他者的關係，那先驗將轉爲空無。所以，他批評叔本華的藝術是

---

30 Arthur Schopenhauer , Die Welt als Wille und Vorstellung I , Sämtliche Werke , Band I , Suhrkamp , Frankfurt am Main , 1986 , P.280 .

世界的影像，它是由它的組成中的第一元素來改
變，這就像救世主降臨的猶太教的解釋一樣，做出
和所有都相似的慣用的情況，只有很少的不同。
Adorno 提出是在兩種情況下的認知去看藝術：不僅
是要回到世界及他的範疇，也不是因爲它和知識客
體的關係，而是更遠，可能是用合理性批判的企圖，
它支配自然，由它來感動，確定及改變[31]。關於
Adorno 對叔本華非物質化的批評，我們不能認同，
照我們的理解，藝術絕對不能停留在物質概念化的
階段，必需要不段超越，因爲人類的感情絕不可能
在概念化的物質上得到一些心靈上的盼望。

　　要解除意志的壓迫，只有打碎表象的框框，去
建立一個新尺度，這個新尺度，因果必須被擺脫，
擺脫因果其實就是因果的超越，因爲從因果判斷的
客體來看，我們有一種具體的，經驗的表象，叔本
華強調我們不可能有一個單一時間或一個單一空間
的客體，但有一種可同時擁有時間及空間的客體。
時間及空間是形式化的條件。這裡叔本華指出具體
的直覺如何假設兩種形式的不可分性，綜合起來是
悟性提出客體。因果事實牽涉到必然性，是因爲因

---

31 Theodor W. Adorno , Théorie Esthétique , Traduit de l'allemand
　　par Marc Jimenez , Klincksieck , 1995 , PP.195-197.

和果的無終止的連續性，如果是黑格爾就用神性的
功能，把理性當成了第一因的直覺，披上一個新名
號，把它叫做絕對或無限。但叔本華未走這條路，
他把他的偶像康德的時空論深入研究後做出和康德
完全不同的結果，首先我們要指出康德在“純粹理
性批判”討論時、空問題做重點總結時特別強調主
體性是一切的開始，沒有主體就沒有一切，他認為
所有我們的直覺只是現象的表象，我們所直覺到的
事物，它自身決不是我們直覺到的事物，它自身所
有的關係和它所顯現出來給我們的是不同的，如果
我們抽離我們的主體，或是只除去我們普遍感覺的
主體性，那麼時間中及空間中的所有客體關係，甚
至於時間和空間都會完全消失，因為，現象不能自
己獨立存在，而只存在於我們心中，他還說時間和
空間都是純粹的形式，一般的感覺則是物質的[32]。正
是康德這個絕對主觀的思想啟蒙了叔本華，讓叔本
華走入絕對主觀的思想，由這裡看到了康德哲學對
叔本華主觀意志思想起了決定性的影響。但康德思
想中，論感性本是帶有人的先驗性的感性，當我們
要去感知一個客體的時候，就會改變了客體的原來

---

[32] Immanuel Kant, Kritik der reinen Vernunft, Fourier Verlag, Wiesbaden, 2003. P.74.

面貌。但人的理性又必須要依賴感性去認識現象本
體時，人就遠離了客體。造成了客體的真正本質永
遠無法和主體接軌，康德的客體對主體而言永遠是
個彼岸世界。而康德企圖將經驗的理論是要調和外
界不同的雜多與單一，把空間和時間看成是感性的
純形式，一般的功能是保証連續的及共存的倍數的
感受性。叔本華不接受這種二元論的理論，拒絕區
分主體和客體是兩種運作，反而指出這兩種無論是
客體性或主體性都是客體的。叔本華強調表象世界
是由知覺者與對象所共同構成。他以爲能認識一切
事物而本身不爲任何東西所認識的是主體。因此，
主體是世界的支配者，是一切對象的條件，在整個
經驗過程中，都必具備這個條件。叔本華的主體是
雜多性、沒統一性，更不能認識它，但只要知識成
立，主體永遠扮演一個能知者的角色。這個能知者
就是意志，而叔本華更把這意志看成一種表象的客
體，令到意志本身不再只是意志所表達出來的關
係，而是一種意識的客體，也就是叔本華所講的“意
志的客體化”。他認爲一切客體永遠是以主體爲前
提，也總是表象，我們也認識到客體是表象最普遍
的形式，而這形式正是客體與主體的分立。由上看
到叔本華的幾個觀點：1. 經驗事實與意志是共存

的。2. 意志與現象可透過智力（Intellekt）完全可
以溝通的。3. 主體是世界的支配者，沒有意志就沒
有主體，所以是意志統治了全世界。4. 由意志客體
化的深淺看世界[33]。所以他是走向一元論，這種一元
論同時體現了時間與空間。叔本華的美學對象是非
空間化的，更絕對不是我們肉眼所能看得到的空間
的現象，因爲只有最內在的本質才是觀念。只有這
種"觀念"美術才能超越意志。

　　叔本華在其論文集第二集中論美學及美的形上
學一文中曾經提出一個問題，就是在客體中的愉悅
與快樂可不可能和我們的意志完全無關？他肯定的
說美所激發對我們的愉悅與我們的快樂和我們的意
志是完全無關的。他的解釋是因爲在美中，我們所
抓住的是一些有生命的或無生命的自然界的原始的
及本質的形式，就是對這主體的柏拉圖的觀念，就
是這個感知成爲他本質相關聯的條件，主體知道由
意志解放出來，或是另一種關係，即是一種沒有目
的又沒有意圖的純智力[34]。這裡叔本華講得非常清

---

33 莫詒謀 ，叔本華（Schopenhauer）生命意志否定的宗教意義 ，
　　參閱：志蓮文化集刊 ，第三期 ，香港 ，2007 ，P.269.
34 Arthur Schopenhauer ，Parerga und Paralipomena II ，Sämtliche
　　Werke ，Band V ，Suhrkamp ，Frankfurt am Main ，1986 ，PP.
　　490-491.

楚，他的美的形上原理是來自柏拉圖的“觀念”，
可以說叔本華整個藝術的理論是以柏拉圖的觀念做
爲他理論的指導思想。因爲一般人所生活在其中的
現象界，完全被時間和空間所組成，所以才有你、
我、他等肉體的個體性的存在，而由時間與空間把
這些現象界的存在劃出它們所存在的範圍，但是，
藝術作品只講本質不講現象的實存，因此，藝術作
品完全不受任何現象物的局限。藝術作品所表達的
時間和空間，完全不受現象界的那種時間和空間的
影響，因爲在藝術的世界裡，藝術自己就有自己獨
立的時間與空間，而整個叔本華的藝術世界中的時
間與空間都是觀念的附屬品，講清楚一點，我們認
爲任何空間，包括現象界的空間以及藝術品本質的
空間，對叔本華來說是不存在的。他就是用這種時
間與空間同時體現的方法去擺脫因果，因果關係只
是抽象的概念而非直覺的，在叔本華思想中，所有
的藝術都是直覺。因爲所有表象必然在時間與空間
中，而且允許物質的存在，這存在不是實體的內容，
而是活動的作用，事實就是這活動的作用，經驗的
事實總會消失，所以表象是沒有真理的。叔本華又
把因果應用到主體的表象是隨因果原則而發展，叔
本華認爲這絕不是一種人類的優先權，這只是動物

界的。只有直覺才能區分人獸。關於直覺，叔本華
的後輩法國哲人柏格森曾有很深入的說明，筆者亦
曾於 2001 年出版"柏格森的理智與直覺"介紹
過。柏格森的直覺主要是因感應而來，但是叔本華
的直覺則是由悟性而來，他說"就像太陽升起後可
看到世界一樣，悟性，由於他唯一單純的功能，在
一反掌之間就把那遲鈍的，無所是事的感覺轉變為
直覺。眼、耳、手所感覺的尚不是直覺，那只是感
覺的材料。悟性要經由果到因，世界才在空間中展
開直覺，在形式上起變化，但在物質上則雖經過時
間但沒有變化，因為，悟性把時間和空間統一於物
質表象中，這就是因果性的作用"[35]。因為因果的關

---

[35] Arthur Schopenhauer , Die Welt als Wille und Vorstellung I ,
Sämtliche Werke , Band I , Suhrkamp , Frankfurt am Main , 1986 ,
P.42.
直覺在叔本華思想中佔非常重要的地位，筆者曾在香港 2007 年
第三期的"志蓮文化集刊"中發表，"叔本華（Schopenhauer）
生命意志否定的宗教意義"一文，其中第 268 頁指出叔本華提
出在直覺世界中認識之可能性有二個條件： 1. 客觀的說，物
質間彼此作用的力量，是彼此間產生變化的力量，如果所有身
體間沒有共同屬性，則直覺便不可能，甚至依賴動物的感性能
力也不可能。主觀上，在一切所有之前，悟性是使直覺成為可
能的第一條件，因為悟性產生因果律，各種關係的存在也只對
悟性有效，如果說直覺世界存在是全因悟性。 2. 動物性身體
的感性，也就是某些物體直接成為主體的客體的那種本來就有
的屬性。
參閱：Arthur Schopenhauer , Die Welt als Wille und Vorstellung I ,
Sämtliche Werke , Band I , Suhrkamp , Frankfurt am Main , 1986 ,
P.52 .

係只能找出現象界在時間空間中出現的規則及相對
的先後秩序，絕對不可能教導我們深入去認識到所
出現事物現象的本質，而且因果律本身只是對表
象，對某客體有作用，只有假設某客體存在的條件
下因果才成爲可能，所以物質和因果性看來是二件
事，其實只是同一件事，而且所有因果性，所有物
質，都是對悟性發生作用。悟性表現出來第一個最
簡單的功能就是對現實世界的直覺。這樣叔本華就
很輕易的在柏拉圖觀念主義藐視物體的光環下揮出
他哲學思想的魔術棒"意志客體化"。

　　意志和肉體不是因果性結合而成的兩種客觀認
識到的不同情況，雖然在因果關係中，但是二而一，
是同一種事物，只是在兩種不同方式下所給與的：
一方面是完全直接給與的，另一方面是在直覺中給
與悟性[36]。叔本華的直覺是以主客體二而一的條件下

我們同意法國學者叔本華專家 Clément Rosset 的看法，他說我
們講叔本華的直覺是柏格森式的直覺，而非康德式的意義。
參閱：Clément Rosset，Schopenhauer，Philosophe de l'absurde，
P.U.F. Paris，1994，P.7.
柏克森自己也說他的直覺是和叔本華相同的方法。
Henri Bergson，La pensée et le mouvant，P.U.F. 63e Édition，
Paris，1965，P.25.
筆者曾引用法國學者 Henri Gouhier 的話，指出柏格森的直覺就
是爲了解放康德批判主義的形上學。
參閱：莫詒謀 ，柏格森動態宗教的生命價值 ，哲學與文化 ，
第三十五卷第一期 ，台北 ，2008 ,P.25.
36 Arthur Schopenhauer，Die Welt als Wille und Vorstellung I，

很自然而然所成的因果，由這主體的統一才能落實
本體世界，所以叔本華的思想只在意志直覺中，主
體才能解開“自我”的鎖鏈，以一種純的，自然的
思考來面對客體，相對應的客體同樣亦以純的，自
然的情況自己顯示出來，這是叔本華以藝術的態度
來面對意志直覺。藝術真正的美必須領悟一種感
應，就是當我們欣賞一件藝術作品時的最高境界必
定達到忘我情境，筆者曾在“叔本華的美學原理”
一書中以莊子忘我的思想來說明叔本華。而柏格森
對藝術的形容也有令人精神化的想往，他說“藝術
的目的是要麻醉活動能力或更清楚的說是要麻醉我
們人格的抵抗能力，帶我們進入到一種完全馴服的
狀態，在這狀態中我們體會別人對我們所暗示的觀
念，這樣，我們就會同情被表達的感情。在藝術創
作過程中，我們可以找到一種由普遍的催眠狀態所
起而逐漸變為緩解了，精緻化了，而且在某種程度
上精神化了的形式”[37]。達到這種精神化，在這忘

Sämtliche Werke , Band I , Suhrkamp , Frankfurt am Main , 1986 ,
P.158.
37 莫詒謀，叔本華的美學原理，初版，水牛出版社，台北，1987，
P.76。
有關柏格森請參閱：Henri Bergson , Essai sur les données
immédiates de la conscience , 155e Édition P.U.F. Paris , 1982 ,
P.11.

我，無己的情況，主客體很自然的在一種不需要理
性因素來輔助的世界中交融，我們相信，我們亦肯
定叔本華這一主客體融合為一的藝術境界，光就這
一點來看，他已經完成了他的企圖心，就是將康德
主客無法合一的不可知論的思想找到了完美的結
局。也只有這樣才是叔本華的真正思想。從表象來
看，壓制本能的因果，例如在建築藝術中時、空是
完全被分離的，而且跟本不需要，也不知道有時間
這回事，又如音樂藝術在時、空的分離中，對空間
是完全陌生的。依據叔本華的思想，這些時、空分
離而成的因果是走不遠的，也就是說是有盡頭的。
又如一幅畫，叔本華是依時、空去展開，而不是如
一般所講，建築、音樂只強調單一形式，如果說一
幅畫是沒有時間的客體，也就是說和時間完全沒有
關係，看起來是正確，但只是表面的，只能出現概
念，而概念在叔本華的藝術思想中永遠是此路不通
的死胡同，概念最多只能對生活有益，甚至對科學
有用而已。反而他強調觀念才是任何藝術作品真正
及唯一的活水源頭。他這時所講的觀念是指天才才
能由生活、大自然、世界中汲取其精華來為藝術傳
遞生命，這點和柏拉圖說的觀念是一種邏輯意義，
但這邏輯意義是和形而上的意義分不開的看法完全

相同。

　　但在此要指出，叔本華對柏拉圖在共和國第十章中把詩人，畫家排在模仿者的地位不以為然。柏拉圖站在哲學的立場，為了指出詩人是模仿者，曾對悲劇及詩父荷馬批判了一番，他說有些人認為悲劇詩人懂得所有的技藝，懂得一切和善惡相關的人事，還懂神的事。但是，他反而認為好的詩人在創作的時候，一定要有他創作主題的知識，否則就不能創作。所以他提醒我們要注意是否碰到魔術師般的模仿者，受了騙還看不出其作品的真假。當然，如果沒有真理知識作內涵，也可以創作，不過他們創作出來的是幽靈而不是真正的實在[38]。所以叔本華說“共和國第十章中說繪畫和詩的典型都不是觀念而是一些事物，我們的看法和他完全相反，柏拉圖這看法正是這位偉大哲學家錯誤的來源，所以這觀點越為人所認同，我們就越不會迷惑，他的錯就在於輕視和唾棄藝術”[39]。所以只有透過直接感受才能給藝術產生真的，永恆的生命力。叔本華說“觀念

---

[38]　Platon , La république , Introduction , traduction et notes par Robert Baccou , Garnier Frères , Paris , 1966 , P.363.

[39]　Arthur Schopenhauer , Die Welt als Wille und Vorstellung I , Sämtliche Werke , Band I , Suhrkamp , Frankfurt am Main , 1986 , PP. 300- 301.

現在是，將來也將繼續是直覺的，藝術家不是在抽象中意識到其作品的意向及目的；出現在他面前的完全不是概念，而是一個觀念；同時他不能匯報他的所作所為；他是如人們所說的，只由他所感覺到的出發，非意識地，本能地在發生作用"[40]。這裡指出的是前面提到的以物畫物的藝術家他用概念去完成其作品，一位藝術家清楚他是畫一個蘋果或一串葡萄。但重要的不在於像不像實物，而在藝術作品的本質，也就是引導這藝術家去完成作品的方法，所以透過活水源頭的觀念所帶給藝術家的內在啓發，正是我們前面講的以心畫心的境界。藝術當然存在於現象界中，由這角度看，它是一種物，但照叔本華角度看，就有更深層的意義，它和意志一樣，是無底的，深不可測的萬丈深淵。藝術家只在觀念中，完全不以名利實用為標準，也就是真正的藝術往往是走向非實用性但確可擁有他的價值。照叔本華式的觀念論來看，宇宙間可以說任何事物都是美的。他說"最沒有價值的事物也容許人們純粹客觀的和去意志的沉思，而且經過這沉思得到該事物之

---

[40] Arthur Schopenhauer，Die Welt als Wille und Vorstellung Ⅰ，Sämtliche Werke，Band Ⅰ，Suhrkamp，Frankfurt am Main，1986，P.330

美，這一看法，在前面 38 節已經就荷蘭人的靜物寫
生論述過了。不過這事物所以比另一事物更美，是
由於該事物令到純粹客觀的沉思更加容易，也就是
說客觀事物和沉思的互融所得出的事物的美”[41]，由
此可以看到，五光十色的雜多世界，如前面所引述
的老子的話，令人痛苦，令人心狂的心思，在叔本
華的這種思想上是不會發生的，我們可以肯定的
說，叔本華的藝術是爲了解脫人類痛苦的枷鎖，使
宇宙的雜多歸一，更深一層看是藝術美化了現象世
界。

　　叔本華不止一次的談論到，藝術的經驗提升了
知識，而直覺則毫無疑問是將客體品質化，因爲是
一種觀念的客體。他在“意志與表象世界”第一版
第 40 節就用“誘人之美”（Das Reizende）來說明
經驗知識與觀念客體之間美的差別，在叔本華眼中
“誘人之美”是直接對意志的引誘，令意志滿足而
激動的東西。一個真正的美應該是超越意志，完全
沒有利益目的的沉思。“誘人之美”不但將鑒賞者
的純粹沉思掃除，更因這誘人之美迎合意志的對

---

41 Arthur Schopenhauer，Die Welt als Wille und Vorstellung I，
　　Sämtliche Werke，Band I，Suhrkamp，Frankfurt am Main，1986，
　　P.298.

象，所以必然刺激鑒賞者的意志，這樣，鑒賞者就
不是認識的純粹主體，反而變成了受制於現象的主
體，而非無欲無求的主體。這裡我們可以找到叔本
華的兩個要點，第一要去掉有利益目的的意志，第
二要能真正自由的沉思。他提醒我們在藝術的領域
中有兩種誘人之美，而且這兩種都不應稱爲藝術。
其中一種是很粗陋的，例如在荷蘭人的靜物寫生中
如果走錯路，畫出來的畫是一些食物，又由於畫得
非常像真實的食物必然會引起食慾。這就會引起意
志的激動，但這種意志的激動把我們在任何審美的
沉思都封殺了。又如在歷史的繪畫和雕刻中，"誘
人之美"則在裸體人像中，這些裸體像的姿態，半
掩半露整個作品的過程都在激起鑒賞人的肉慾，因
爲純粹審美的沉思就立即消失了。創作這種藝術品
的人也違反了藝術的目的。而真正的對於藝術家自
己是以純客觀的，爲理想的美所充滿的精神去創
作，而不是以主觀的，充滿肉慾的精神去創作[42]。叔
本華對這種假藝術將造成我們的痛苦，這種痛苦並
不能等待藝術來拯救，反而認爲藝術是透過忘我克

---

42 Arthur Schopenhauer，Die Welt als Wille und Vorstellung I，
Sämtliche Werke，Band I，Suhrkamp，Frankfurt am Main，1986，
P.295.

己的犧牲及禁慾主義來達到慾望的最終消失，我們
才能超越更能由自由而達到自我的沉思。這自由是
完全沒有因果的，藝術家也不可能把自由體現出
來，所以，事實對藝術作品的材料也起不了作用，
而藝術作品是不屬於事實的，也沒有任何利益在
內。只有走入觀念世界才能找到真實的事物。

　　總之，美的形上學是藝術哲學的基礎，叔本華
也提問到在大自然中，有沒有曾經創造過每個部位
都十全十美的人？是不是藝術家把世界上各個不同
部位的美，集合起來，是否可以湊成一個美的整體？
答案當然是否定的。因為純粹從後驗和只從經驗出
發，根本不可能認識美，美的認識，至少部份是先
驗的。例如一個真正的天才是有高度直覺相伴隨，
也就是說，當在個別事物中認識到該事物的觀念
時，就好像大自然的一句話只說了一半，他就已經
體會到了，而且還把自然世界中結結巴巴未說清楚
的話都說了出來[43]，由此可看到天才的創造是超自然
的，藝術是精神，它在觀念中產生。而且在天才面
前生命的意志已經消失了，因為它已轉化為藝術。

---

43 Arthur Schopenhauer , Die Welt als Wille und Vorstellung I ,
　　Sämtliche Werke , Band I , Suhrkamp , Frankfurt am Main , 1986 ,
　　PP. 313-314.

而天才的作品擁有走向完美的特殊權力，賞賜給人
類幸福和安慰。所以當我們要欣賞叔本華的藝術時
要記住他的話，他說“藝術家對於美所以有這種先
驗的企圖以及鑒賞家對於美所以有後驗的贊賞，這
種可能性就在於藝術家和鑒賞家他們自己都是大自
然自在的本身，却是自我客體化的意志”[44]。

---

44 Arthur Schopenhauer，Die Welt als Wille und Vorstellung I，
Sämtliche Werke，Band I，Suhrkamp，Frankfurt am Main，1986，
P.314．

第三章　叔本華的藝術等級

第一節　藝術等級的原則

　　在藝術哲學中把藝術分類叔本華當然不是第一人，康德就在其"判斷力批判"書中第 51 節，論美的藝術的區分時明白清楚的交待出來，他認爲一般稱爲美（無論自然美或藝術美）的，是美學觀念的表達；但在美的藝術中這觀念必須通過一個客體概念來顯示，而對自然美來說只要一個直覺的簡單反思而無須客體的概念，則已能喚起和傳達那個被看作那個客體所表達的觀念。除了這種區分的理論，他更明確指出區分的原則是藝術的類比和表達的形式，用人類的語言在互相溝通時使其達到盡可能完美，不只在他們的概念，而且也在他們的感覺[1]。我們相信，叔本華對藝術美的反思絕對是受了康德這

---

1 Immanuel Kant ， Kritik der Urteilskraft ， Fourier Verlag ， Wiesbaden，2003，P.775.

種對美的藝術區分的理論與原則的影響，重點就是
主體的直覺與觀念的顯現，而且在客體概念的有與
無之間很自然的區分出自然美與藝術美，本書前面
講到叔本華的思想是主客體的融合，那麼是不是都
千篇一律都是一個融合可以說明？我們回答，當然
不是。既然不是千篇一律，是不是又有很多不同的
藝術特徵、藝術價值？就筆者對叔本華藝術思想的
認識，答案是肯定的，如果是肯定的，就必須要提
出另一個問題，就是叔本華的藝術等級有沒有原則
可追尋？當我們提出這個問題時，我們已經深入思
考過，其實叔本華的藝術等級完全和主客體完全融
合了，是和主、客體沒有關係的，其藝術等級完全
是由意志客體化的程度來區別，所以我們說和主客
體完全融合沒有關係，相反的是在藝術水平上看，
則是這個意志客體化和意志本身之間角力的程度來
分高低。

　　前巴黎大學教授 Raymond Bayer 在其美學史中
就指出了叔本華藝術等級的三個原則：第一個原則
是沉思的客體性，由低等級的出發，一直走到完美。
第兩個原則是美的感受，我們可經由經驗材料增加
的客體性到美的愉悅來分類。第三個原則是要知道
所有的藝術必須表達出意向的不一致以及相對力量

的鬥爭，當這鬥爭改變外貌，藝術就改變它的形式[2]。由於時代的不同，由於人種的不同，當然更由於藝術家本身的涵養不同，得出來的結果是絕對有差異的。同樣講建築，羅馬式的建築的特徵其典型就是教堂，而且必然是拱頂，但是文藝復興時代的建築則以理性取代宗教的觀點，其主要的建築元素則是圓頂。又當你到了巴黎羅浮宮看看約在 1504 年米開蘭基羅的作品 "垂死的奴隸" ，和弗羅倫斯的巴迪尼（Bardini）博物館中提諾・迪・卡瑪依諾（Tino Di Camaino）的歌特式雕塑作品 "慈愛" ，則有完全不同的鑒賞感受。無論是一個建築，一座雕像，我們感受的程度都完全不同，取決於作品本身所表達的特徵的程度以及鑒賞者的心靈境界。用叔本華的話就是意志的作用。這個意志在活動過程中表現出總是與相反的力量相衝突。之所以會有衝突，正是突顯了不同藝術作品的原本的觀念，這些衝突力量反對某些屬性的力量，並凸出顯現其觀念。因此，就角力來看，在建築，則是抗力反抗重力，而在悲劇中，則是人類意志反抗災難的威脅。一種藝術意味某一種衝突的領域，由某一種必然地，將意願的

---

2 Raymond Bayer，Histoire de l'esthétique，Armand Colin，Paris，1961，P.271.

元素放入另一意願的元素中的角力的表達。這些不同力量的領域蓋滿一種同樣的基本的衝突，就是意志對抗他自身，就是叔本華提到建築及悲劇時，就說這是一種衝突遊戲。

這些不等的興趣（Intérêt）完全依賴各種不同領域的力量。換句話說就是由於各種力量的不同而產生的不同反應，在叔本華的思想中叫做意志客體化的高級等級及低級等級。如前所述，在藝術中總是一個力量和另一個力量的衝突，自然造成藝術在原因的觀念中可看到其完整性與特殊性。因此，進而可區分爲低等級觀念與高等級觀念，這裡所講的高等級、低等級完全以興趣爲基礎所做出對沉思認知所表達出的程度來區分。也就是人類原本的意志對遠離興趣（Intérêt）的多少力量的差別，而造成的各種不同等級，當然無論是高等級或低等級都必須經由直覺去感應觀念這過程所造成差別。所以叔本華說"美，無論是這個或那個取得較大的優勢，都要以直覺去沉思觀念，這是意志客體化的較高或較低級別的顯現"[3]。叔本華認爲無機物和建築藝術中鑒

---

3 Arthur Schopenhauer，Die Welt als Wille und Vorstellung I，Sämtliche Werke，Band I，Suhrkamp，Frankfurt am Main，1986，P.301.

賞自然美，由無意志的認識而來的美為優勝，因為
這類藝術叔本華只把它們放在下層等級。但是如果
人是鑒賞或藝術表象的對象，則美就會較傾向在觀
念的客體體會中，而且顯示出來的表象較有深層的
意味，也較完整的顯現意志的本質。所以叔本華說
"觀念是意志最明淨的活動，因為動物和人展出最
複雜的形式，展出表象的豐富和深層的意義，而且
是最完整地給我們展出意志的本質，不管這本質是
意志的激動中，恐怖中，滿足或潰敗中，最後甚至
走到方向改變或自我揚棄中"[4]。叔本華把藝術概念
看成一面激起人們認識觀念的明鏡，他交給藝術的
使命不再是最基本的主體到客體的認知關係，而是
在因果原則及時間、空間之外對一種觀念客體的領
悟的認知。由此可以看到叔本華藝術等級的原則是
把美，包括自然美或藝術美，很明顯的視為一種對
美的觀念的表達，而在這表達過程度中他用直覺的
沉思所產生的意志客體化由簡單複雜的程度來區分
了各種藝術的不同等級，在這不同等級中，康德把
藝術的美分成三種不同等級：包括語言的藝術，造

---

4 Arthur Schopenhauer，Die Welt als Wille und Vorstellung I，
Sämtliche Werke，Band I，Suhrkamp，Frankfurt am Main，1986，
PP. 301-302.

型的藝術及感覺遊戲的藝術。用二分法去劃分，就是思想（Der Gedanken）表達的藝術和直覺觀點（Der Anschauungen）表達的藝術[5]。康德這種二分法，其實就是柏拉圖思想中，看得見與看不見的二分法，叔本華則把這種二分法接收了並發揚光大，他把看得見的把它歸類入藝術的範圍，把看不見的歸入超藝術的範圍，雖然康德和黑格爾都把音樂放入藝術範圍內[6]，但叔本華就把音樂看成是超越藝術的至高無尚的生命境界。

就像維也納交響樂團的大提琴手、被譽為 20 世紀音樂的革新者 Nokolaus Harnoncourt 在其名著"音樂論說 —— 做為一種音樂的新概念"（Le discours musical）中談不同面貌的等級時，很自然的表達了音樂等級的因由，他認為沒有人能在所等待的整體中得到滿足，對這方面我們是不完美的，

---

5 Immanuel Kant , Kritik der Urteilskraft , Fourier Verlag , Wiesbaden , 2003 , P.775.
6 康德認為在感覺遊戲的藝術中，可區分為聽覺與視覺這二種感覺的人為遊戲，又可分為音樂和顏色的藝術。
參閱 Immanuel Kant, Kritik der Urteilskraft, Fourier Verlag, Wiesbaden, 2003, P.778.
而黑格爾則由藝術的象徵型藝術，古典型藝術，與浪漫型藝術的特殊類型把藝術區分為建築，雕刻，繪畫，音樂，詩歌等。
參閱 Hegel , Esthétique , Premier Volume , Traduction S. Jankélévitch , Flammarion , Paris , 1979 , P. 130.

我們應該在需求的一部份中達到滿足[7]。叔本華的藝術等級正是因爲他心目中的藝術是不完整的，因而有他的藝術等級。事實上叔本華把藝術分類看成很簡單的事，只是由最簡單的力量一直到最複雜的力量，但音樂對叔本華來說是看不到他有任何本性的抗力與重力，而且音樂並不表達觀念，是最自由自在的一種生命，所以音樂不但沒有等級，也不在藝術等級之中，叔本華除了被貼上悲觀主義者的標籤外亦有人用悲劇哲學家來形容他，正因爲他對人生醒悟到生命是痛苦，必須要解脫生命痛苦的環扣，所以世界是一場戰鬥，每個人都在爲他的存在而鬥爭，我們必須擺脫自我，當然就要去意志或說超越意志，沒有意志人就沒有目的，法國前康城（CAEN）大學哲學教授 Alexis Philonenko 就說 "叔本華那裡是沒有任何目的" [8]。這就是爲什麼叔本華要把音樂抬到最高的位置。我們要注意這一點就是古今以來幾乎所有的藝術家，哲學家都把音樂放在藝術的範圍內，唯獨叔本華反而把音樂拋到藝術大門之外，

7　Nikolaus Harnoncourt , Le discours musical , Pour une nouvelle conception de la musique , Traduit de l'allemand par Dennis Collins , Gallimard , 1984 , PP.123-124.

8　Alexis Philonenko , Schopenhauer , une philosophie de la tragédie , deuxième édition corrigée , Vrin , Paris , 1999 , P.134.

正是因爲音樂可以使人擺脫痛苦，音樂可以說是叔本華人生幸福的仙丹。

他把藝術分出等級是由意志客體化的程度來區別，由雜多到單一，由物質到人。另外是對準意志的藝術型式，以很精確的程度，他把音樂放在這個程度的位置，可以直接和人類感受交流是一種上層的藝術。這種上層藝術可使人類脫離無情的命運及萬能的意志，進而主體可支配人的生命意志。所以，藝術的等級在叔本華那裡是找不到音樂的，這是叔本華在對藝術進行等級分類之前,就已經確定了的思想，因此，由最簡到最煩的抗力來區分，藝術從建築開始到悲劇是最高點，正是藝術的最沒趣到最有趣的過程把藝術等級化。按照〝意志與表象世界〞一書第一版第三篇中從第 43 節到第 51 節的說明，藝術等級由無機性經動植物性到人性可分爲六個等級。他們是 1. 建築（無機性），2. 動物畫家與風景畫家的繪畫與雕刻及花園藝術（動，植物性），3. 雕刻（人性），4.繪畫（人性），5. 詩（人性），6.悲劇（人性）。由這六種藝術等級分類中看到，等級的區分是由本性做爲領導。多多少少都在作品種類及作品價值中可評判每一藝術的內涵。叔本華找出不變且唯一的標準，就是富表現力單純的法則。

所以藝術等級中最好的藝術家必定是透過最直接，最簡單的管道去表達其內涵。

　　叔本華的藝術等級分類並不複雜，主要是提出他等級分類的原則，並沒有確實太龐大的範圍，他也知道藝術範圍之廣，非他所能下定義，所以他從無機到有機從植物，動物，到人來區分藝術等級的高低，他並未特別強調其藝術等級的價值，他只是自由自在的透過藝術及超藝術去實踐他的意志客體化的理論，以及其主體性、客體性與觀念的統一，以達到自我存在的意義。下面我們將依照叔本華對藝術等級的分類一一說明。

第二節　藝術等級的區分

一、建築藝術

　　建築肯定是一種藝術，無論古今中外應該沒有人反對這個看法，雖說建築是由需要開始，我們的先祖在自然界流浪，整日與洪水猛獸爲伍，過著外表是人樣，實際是動物的生活，在這顛沛流離的生活過程中，或是因太疲倦亦或因人有智慧，終想安定下來，由遊牧式生活進入到耕田，畜牧的定居生活，於是人與人有了聚集，家終於成立，拖家帶眷，由住在樹上，再躲到山洞裡，雖然黑格爾曾提示過關於建築的起源也有種種說法，有時說起源於洞穴，有時說起源於樹巢。他說這一類的起源本身就很容易明白，所有其他對建築藝術起源的解釋說明都是多餘的[9]，但是這種人類關於建築的起源還是有其說明的理由，否則希臘人就不會創作許多美妙的神話故事，來滿足我們的幻想中的需要，雖然這些

9　G.W.F.Hegel, Esthétique, Troisième volume, Traduction S. Jankélévitch, Flammarion, Paris, 1979, P.26.

得不到歷史的說明，但是居住的問題一直到現代社
會都還是人類很重要的問題，其實不需神話，不需
歷史說明，憑人類的經驗，就可想到我們的先祖，
都是要想辦法防風防雨避洪避獸，能自在的過著日
出而做，日落而息的生活，因而有了圍起來及蓋起
來的構想，我們中國"易經"所講"上古穴居而野
處，後世聖人易之以宮室，上棟下宇，以待風雨"
[10]，於是人類頭頂要用柱子頂住的東西蓋住，地面要
用圍牆圍住，有了房子的出現，由於文化，地理環
境，等等條件不同很自然而然的形成了各種不同用
途的房屋，由於人類文明的不斷發展，在得到安居
樂業後，又因在建造房屋時實物結構技術上的發
展，以及人類智慧在環境思想上的進步，就有了實
用的建築工程，以及美學上的建築藝術的發展，在
建築由蓋房屋，變成工程，再進入藝術的演變過程
中，必定與各種特殊文化興衰相呼應，雖然建築是
靜態的物質，但最終必定加入精神以透視其價值，
曾如柏拉圖在"斐德羅"對話錄中所提示人類的，
所有生靈都是由靈魂與肉體組合結構出來的，而且
還告訴我們，"不朽"找不到在用法上的合理論

10　易經集註，（繫辭下傳），瑞成書局，台中，1964，P.107。

証，不過，我們從來看不見，也不能認識的神，只能把神想像爲一個不朽的生靈，永恆地兼具靈魂與肉體。柏拉圖似乎還曾經在天堂蓋過房子，他有點遺憾的說在凡塵世界的詩人還沒有歌頌過天外的境界，也永遠不會有人歌頌這個天堂的空間，實際上，天堂的空間的境界才是真正存在的居所，真正的存在沒有顏色和形狀，不可觸摸，只有理智這個靈魂的舵手才能對它有所感知，所有真正的知識，就是關於它的知識，甚至連神的心靈都要靠理智和知識來滋養，其他靈魂也一樣，每個靈魂都要注意獲得適當的食物[11]，長期以來建築物的不完整與有限性，令建築藝術產生各種不同的傳統與規範，爲了建築藝術的發展必須獲得適當的滋養，所以必須要有多些精神才能令實物活起來，就像柏拉圖把靈魂與肉體結合在一起一樣，建築藝術把技術元素與想像元素結合在一起，顯現出建築藝術的美，叔本華就是在柏拉圖這種靈魂與肉體結合爲一的思想指導下，創造了他對建築藝術的看法。

　　另外他也接受了康德對美的藝術的看法，就是只在一方面這美的藝術不是一種作爲雇工的勞動

---

11 Platon，Phèdre，Traduction et notes par E. Chambry，Garnier Frères，Paris，1964，PP.125-126.

力，因為工作的量可以照確定的尺度來評判並給與
酬金，另一方面，內心埋頭工作，但同時並不著眼
於其他目的，即沒有任何酬勞而感到滿足。而且康
德還指出建築藝術是體現一些事物的概念的藝術，
這些事物只有通過藝術才有可能，它們的形式不是
把自然，而是把一個任意的目的當作其規定的根
據，但這種體現在這個企圖上同時可達到審美的合
目的性 [12]。叔本華也和康德一樣認為建築在美術的
範圍來看只屬於不完整的，因為有一種實際應用的
目的跟隨在美學純目的之下，所以叔本華在談建築
藝術一開始就說"我們現在把建築藝術只當成美術
來看，撇開它在應用目的上的規定，因為在這些目
的中它是為意志而不是為純粹認識服務，照我們的
想法，它就不再是藝術了" [13]，建築的美使人心曠神
怡，例如中國聞名的少林寺，除了周圍環境有青蔥
的群山形象，以及隱士精神有如人間天堂的意境
外，最重要能令傑出建築使人更快樂的因素，其實
最主要還是來自那個有機特徵的外型的表象，照叔

---

12 Immanuel Kant , Kritik der Urteilskraft , Fourier Verlag ,
   Wiesbaden , 2003 , PP. 776-777.
13 Arthur Schopenhauer , Die Welt als Wille und Vorstellung I ,
   Sämtliche Werke , Band I , Suhrkamp , Frankfurt am Main , 1986 ,
   P.303.

本華的看法建築師的責任，一方面他的工作是意志
客體化所表達出來最低級等的表象，另一方面，他
又必須維持實用必然性，這些都是美學自由創造的
受到限制性的條件。雖有某些條件的限制，建築依
然可透過由人的勞動力所做出產品而得到的印象，
同時亦可偶然表達出自然創造的形象，建築雖是無
機物，在人爲努力下還是追尋及達到某種程度固有
美的目的，這是建築藝術的特徵與其價值。所以建
築的美其任務就是在意志客體化的最低級別的觀念
中加以更容易且明晰的直覺，否則將不可能成爲建
築藝術，而柏格森對建築藝術也有一種由堅硬到心
靈的看法，他認爲“我們在建築中找到可抓得到的
不動性中，有某些效果類似節奏的效果，形式上的
對稱，相同建築圖案的無定限的重復，使我們的感
知能力徘徊在多個形象之間，使我們去掉不停變化
的習慣，這些不停的變化在日常生活中不停的帶引
我們進入我們人格的意識上：這樣，即使是輕微的
指示一種觀念，則這觀念就足以充滿我們的整個心
靈”[14]。柏格森這種由不動性進入觀念令心靈的滿
足，就是叔本華所講的明晰的直覺，否則建築永遠

14 Henri Bergson , Essai sur les données immédiates de la
conscience , 155e édition , P.U.F. Paris , 1982 , P.12.

是一堆物質的堆積。我們認爲對建築藝術這一觀點的看法，叔本華和柏格森是相同的。

　　無機自然事物中最低級別的幾種力量就是重力，內聚力，頑強的抗力及硬度這幾種力是不易爲人所注意到的，而建築則是一定要看得見的，也就是必須用實物來顯出建築的成果，人們常說，百聞不如一見，其實是建築的最基本元素，尤其進入建築藝術的範圍，就造型美術來看，更是要看得到，所以實物是建築必不可少的元素及結果。但是叔本華就把這種建築實物的元素列爲次要的，他完全以精神方向去欣賞建築藝術，他認爲一般來說每個人感覺到某些東西能引起我們的愉悅，唯一的原因來自這些東西和我們的意志間的關係，人之所以感覺到愉悅，源自它和我們的目的的傾向有關，如果說有一種沒有意志刺激的愉悅就是一種矛盾的說法。但是叔本華並未遵照傳統的這種說法，反而認爲被我們稱爲美的東西，我們的滿足感，我們的愉悅和我們個人的目的，亦即和我們的意志完全沒有發生任何關係的情況下，才能使我們產生愉悅之情，看得到叔本華的美，是需要一個客體的關係，但是真正要達到美，又必須要拋開客體，也就是意志把客體融合之後，再把意志消除，當叔本華提出這個見

解的時候，就已經爲這見解找出答案，就是在美的
事物里我們總是可以抓住一些有生命和沒生命在大
自然的原初的及本質上的形式 [15]。所以他特別強調
重力，內聚力，抗力及硬度，這些不爲一般人注意
到的無機的力量，因爲他以爲是因爲這些力量創造
了建築藝術，他以爲在意志客體化的這種低級別
上，我們已看到意志的本質所顯示出在矛盾之中，
因爲建築藝術在審美方面唯一的題材，就是重力與
抗力之間的鬥爭，用各種方式使這一鬥爭完善且明
白清楚地顯露出來就是建築的藝術。就是在這種力
量鬥爭的無限延長下，由看不見的力發展成爲看得
見的建築物 [16]，他更強調建築的目的如果作爲美術
的目的，是使意志在它可見性的最低級別上所顯出
的客體化更清楚明白。意志在這裡所顯出的特徵是
聾的無意識的，必然的以及物質性的，這些都是不
可改變的定了方向的掙扎，這就顯露了意志自我分
裂及鬥爭，也就是重力和抗力的鬥爭 [17]。

---

15 Arthur Schopenhauer , Parerga und Paralipomena II , Sämtliche
　　Werke , Band V , Suhrkamp , Frankfurt am Main ,1986 , P.490.

16 Arthur Schopenhauer , Die Welt als Wille und Vorstellung I ,
　　Sämtliche Werke , Band I , Suhrkamp ,Frankfurt am Main , 1986 ,
　　P.303

17 Arthur Schopenhauer , Die Welt als Wille und Vorstellung I ,
　　Sämtliche Werke , Band I , Suhrkamp , Frankfurt am Main , 1986 ,

　　因此，支持力和負荷的關係就成為建築的主
題，建築師必須努力去感覺出這種支持力與負荷之
間的工作，就是無限延長這種鬥爭，如果沒有任何
束縛，任它自由的話，這場鬥爭終將自我結束在重
力的優勢下。這種鬥爭的延長能使一種建築作品由
看不見到看得見，而且是各種各樣的不同建築設計
者的不同設計。在各種設計中，其中最美的，最完
善的作品，必定是能完全表達一個複雜的建築中負
荷與支持力的基本關係中的單一性，而這些複雜性
並不顯現在這種關係的單一性上。建築物的美最主
要是在任何一部份都能一目了然，但是並不是為了
外在的，並符合人的意志的結果，而是依照整個結
構的穩固性為要求，所以雜多與單一的關係，就好
像整體的結構和每一部份都有必然關聯性，當我們
隨便抽離整體中的任何一部份，那麼整體必然坍
塌。叔本華說"只有當每一部份所承受的是它所能
勝任的，而每一部份又剛好是在它必須的條件下被
支撐起來，然後在構成生命及其意志表象的重力與
抗力之間的那種對立作用下，那種鬥爭才發展出它
的最完整性及其最可見性，到這時意志客體化的最

P.357

低級別才鮮明的顯示出來"[18]。叔本華的建築藝術講
的就是和諧的法則，講配合的問題，他的同事黑格
爾在講建築時也以一致，相符來形容，他說建築要
實現在形式與內涵兩者中的完美一致，又提出建築
的責任在於賦於轉化無機性，在藝術魔力下使其走
向精神。他的材料就是直接外在的物質，一種機械
笨重的推積物，他的形式還是留在無機性的形式，
是一些對稱的抽象關係的材料[19]。看了黑格爾對建
築的看法幾乎可以肯定叔本華的建築和黑格爾在建
築就定義上來看並沒有太大差別，可以說建築就是
在講對立面的對稱、和諧、一致這種統一的概念。
而叔本華則以為由這對立面的統一要求可以看到，
在建築作品的每一部份的形態必須由其目的和它對
建築作品整體的關係，而不是由人可任意來規定
的。為了說明這種對抗力的協調，而他又認為建築
是為人類目的服務的，叔本華特別強調圓柱是最簡

---

18 Arthur Schopenhauer , Die Welt als Wille und Vorstellung I ,
　　Sämtliche Werke , Band I , Suhrkamp , Frankfurt am Main , 1986 ,
　　P.304.
19 G.W.F. Hegel , Esthétique , Premier volume , Traduction S.
　　Jankélévitch , Flammarion , Paris , 1979 , P.122.
　　黑格爾在論建築中也重複他的美學觀點指出形式和意義，它們
　　本身並不是客觀事物的內在性，有這任務的藝術就是建築。
　　參閱：G .W .F. Hegel , Esthétique , Troisième volume , Traduction
　　S. Jankélévitch , Flammarion , Paris , 1979 , P.26.

單的，只是由目的規定的一種支柱形式，拿希臘建築來看很古老的已無紀錄可尋，還是到了公元前 12 世紀到前 7 世紀的邁錫尼建築（La architecture mycénienne）才繁榮昌盛，發展出很高的水準。由早期的木建築進入到石建築，當時希臘建築完全融入到自然風景之中，不僅只設計建築物本身，往往把建築物與建築物所處的環境融合來設計。

希臘建築的形式最出名又最普遍的是廟宇神殿的形式，用石質建成的神殿靠各種圓柱頂住屋頂而成，一直影響了歐洲不止二千年，一般說來希臘建築有最傳統、最莊嚴、最普遍使用的多利安（Dorique）風格及較有創意和裝飾的愛奧尼亞（Ionique）風格以及由愛奧尼亞風格演化而來最有裝飾味的科林斯（Corinthien）風格。不過無論什麼風格，希臘式建築的最突出的就是圓柱頂屋頂的結構方式。可以確定的說，神廟建築是其主要成就，其建築方式借鑒了埃及的列柱結構，為了加大建築物室內的空間，希臘人用更多的柱子來支撐屋頂，形成了希臘建築的特徵，就是以柱子為支撐屋頂的柱式建築體系。這種希臘式建築中柱子與屋頂的結合就是實現最簡單，最完美的建築的責任。在這希臘式的柱子建築中重力和支撐力是完全可以看得出

來的，但是叔本華也提醒我們，如果只注意建築物
的整個質量，完全任由建築物最原始的自然的物質
重力，那麼建築物就只是一大堆的堆積的物質，或
說一堆物料，而一堆物質只會給地面產生一種重
力，而地面的反抗的力量亦同時在抵抗著。這種看
來簡單的重力與抗力的直接自然傾向，在建築藝術
的思考來看，是毫無意義的，所以就不是那麼簡捷，
要使其達到建築的美，叔本華以爲建築藝術絕不接
受直接滿足，它必定通過間接的方式來取得建築美
感的滿足，也就是任何建築物絕對不可能在直通式
的建築可找到它的美，必定透過迂迴曲折才能感受
到那份建築的美感。我們往往看到建築物的橫樑必
定要借助於直柱才可以間接的將重力壓到地面上，
屋上頭的圓頂除了要自己負載自己外，也是只有借
助於直柱子才能把圓頂的重力傳達到地面上，看到
這些都是間接的方式才能達到對地球的衝力，正是
因爲這些間接的方式中經過不少的阻礙，才能夠清
楚的看到隱藏著的那些自然的力，也因這些隱藏的
自然力的顯現而成就了建築藝術的美 [20]。當然無論

---

20 Arthur Schopenhauer , Die Welt als Wille und Vorstellung I ,
　Sämtliche Werke , Band I , Suhrkamp , Frankfurt am Main , 1986 ,
　PP. 303-304.

叔本華如何形容建築藝術為非直接的，必然是迂迴曲折的，但是我們前面曾提到過，最終都是從整體來欣賞，由整體來表達，這裡除了建築的確是這兩種力的作用而產生，思想上也表達出叔本華意志客體化的觀點外，也隱藏著對生命障礙的提示，及對生命由雜多歸一的境界，關於這種建築藝術的看法，筆者認為黑格爾也有很好且類似的提示，他在其美學一書談建築部份就提到歌德（Goethe）曾經提問到"什麼是神聖？"他馬上回答說"就是能統一各種靈魂的就是神聖的"。黑格爾認為在這個意義上我們可以說，神聖的東西以這種團結統一為目的，而這種團結統一就形成獨立建築最重要的內容。最為人熟悉的就是巴比倫（Babel）塔的傳說。人們在幼發拉底河（l'Euphrate）遙遠的河谷上建造一座龐大的建築物，這是集體的作品，這個集體同時組成其目的與內容。這種團結統一並不是一種單純的家長式的統一。相反的，他正是要把這種家長式的統一分解，而升入雲霄的建築正精確的意味著這種分解以及一種新的更廣泛的統一的實現[21]。

　　由叔本華及黑格爾二位哲人眼中對建築的美都

21 G.W.F. Hegel, Esthétique, Troisième volume, Traduction S. Jankélévitch, Flammarion , Paris , 1979 , PP. 34-35.

是由統一開始，而且均認同由雜多歸一的建築心靈
的美的思想，實際上簡單就是美的看法。尤其叔本
華在批判康德思想時，在其第一版的"意志與表象
世界"書中附錄的最後幾頁中特別提到康德把一個
思想翻來覆去的搬弄，以多種方式去表達，直到由
此而構成一部書，但是全書所要說的只是這一點，
還把康德這種不夠簡單的思想，用哥特式建築來形
容，他以爲人們少不了要承認康德完全缺少古代
的，壯闊的簡潔，完全缺乏質樸、率真、坦率的氣
質。他的哲學和希臘建築毫無相似之處。希臘建築
現出偉大的、簡潔的、一眼就可看到的比例關係。
康德哲學却使人想到哥特式的建築。他更指出康德
的精神有一種特性，他特別喜歡整齊勻稱的格局，
在均勻性中又喜歡五花八門的雜多性以便使勻稱成
爲井井有條的秩序然後又在低一級別的分布中再重
複這秩序，這樣類推下去，正好像哥特式教堂上的
秩序一樣 22。哥特式的藝術發源於阿爾卑斯山以北
地區，和來自繁榮的南方的羅馬式藝術，正好相反，
文藝復興時期因而有義大利人認爲這種北方的藝術

---

22 Arthur Schopenhauer, Die Welt als Wille und Vorstellung I,
Sämtliche Werke, Band I, Suhrkamp, Frankfurt am Main, 1986,
P.580.

屬於野蠻的，就用"哥特"去標籤了這種北方的藝術。但哥特式藝術真正誕生地却是在法國，自從 1144年重修了巴黎聖丹尼（Saint-Denis）教堂建成了回廊與小禮拜堂起，包括巴黎聖母院等等大教堂的相繼完成，哥特式建築在法國可說登峰造極直到今天。由於哥特式藝術是一個擺脫封建制度的束縛，充滿活力，社會正發生大變化而孕育所成的藝術，自然有自由度高，而產生五花八門的雜多性，這種雜多性因無法被叔本華接受而有了對哥特式建築產生不喜歡的批評，他認為建築進行一項遮掩抗力的工作，例如螺旋形柱的第一目的地就是要向不謹慎挑戰；這正是哥特式藝術普遍的方法。當然這也只是每個人對建築物欣賞的感受不同的原因，雖說藝術各自各精彩，無論是希臘建築或哥特式建築都各有千秋，然而虛構的藝術總是把視野重點放在垂直綫上，挑戰並不表現出來用轉彎抹角的方法隱藏起來的重量。而水平綫是負荷，但幾乎完全消失了，重量的行動只出現在間接的方式，在弓及拱的形式下被掩蓋著，這個對重量的挑戰，在無使用目的的箭頭標誌中發出光芒，就是這種現象構成哥特式教

堂的特徵 [23]。叔本華在其“意志與表象世界”第一版第二卷開始的一章（第 17 章）中深入說明了自然力與自然律及因果性。他指出力學假設物質重力，不可進入內在性，由撞擊而生的運動可生傳遞性，堅固性等等可稱爲自然力，而自然力在一定條件下必然的，規律性的表達出來則稱爲自然律，之後才有力學的說明，正因有力學使我們看到在整個自然界的規則都是一些不能說明的自然力，在自然現象中任由諸力互相輪替雖可找出其規則，但這些所表達出來的各種力是我們人類絕對無法進入到這些力的內在本質，任你如何說明解釋都只是停留在現象及其規則先後的秩序。既然力只可使我們看到其外而不知其內，而建築完全是靠重力與抗力的結構而成，因此建築對叔本華來說，越簡單越單純越好，所以他特別喜歡希臘建築中的圓蓋及圓柱的總體的結合統一，這種最簡單，最完美的建築藝術，原因是從希臘建築中可以完整的看到重力與抗力，因爲兩種力分得很完美，所以，就叔本華而言，美的事實完全在於這兩種力的區分，並加以擴大。

---

23 Arthur Schopenhauer , Die Welt als Wille und Vorstellung II , Sämtliche Werke , Band II , Suhrkamp , Frankfurt am Main , 1986 , PP. 535-536.

　　除了由重力、抗力的分與合，簡單與複雜的形式去審視建築藝術來區分希臘式與哥特式的建築外，他還提醒我們古希臘的建築和哥特式建築之不同點，最主要還存在著哲學與宗教的對立性。雖然亞里士多德在他的"形上學"書中把哲學說成是神靈的學問[24]。不過在人世間的確在人類條件之上，提升人的思想是能走到另外一個世界，也就是人在思想的訓練中，人類可達到神化的境界。所以叔本華把在自然真理的寧靜用來形容希臘建築的安詳泰然。而用找尋超自然的真理來形容哥特式建築的狂熱。因為前者是重力屈從於抗力，而後者則是擺脫重力。從這裡可以看出前者是一個事實，是真，而後者是一個虛幻，是不真。叔本華指出"在重力與堅硬度的鬥爭中，古典建築提供給我們的是天真，誠實的表達，是一種事實，是建立在自然中的真理，而堅硬度對重力而言的勝利者是存在於一種外表，一種虛構的幻象"[25]。除了抗力和重力外光線也是對建築藝術的作品非常重要的一種自然力，叔本華認

24 Aristote , La métaphysique , Tome I , Nouvelle édition entièrement refondue , Avec commentaire Par J. Tricot , Vrin , Paris , 1964 , P.19.
25 Arthur Schopenhauer , Die Welt als Wille und Vorstellung II , Sämtliche Werke , Band II , Suhrkamp , Frankfurt am Main , 1986 , P.536.

爲要建造一項建築藝術的作品，要注意光線的效果
和坐落的方向。我們很同意他這個光線效果的重要
性，其實，這就是我們中國人所講的"風水"，風
水不是迷信而是建築作品周圍的環境，叔本華認爲
特別要重視氣候和光，而黑格爾則認爲建築物的第
一個問題就是它的目的和使命以及它所由建立的環
境。要使建築結構適合這種環境，要注意氣候，地
位和四周的自然風景 26，如果建築作品不見天日，
完全沒有光線的投入，就不是鬼神的問題，必定是
身體健康的問題，如果一座建築白天有充份的陽
光，晚上又能一賞明月，必定是充滿美的建築，光
不僅僅令建築物增添價值，特別是在其本性中增添
價值。叔本華把光形容爲最完美的直覺認識方式的
條件和客觀方面的對應物，是事物中最令人喜愛的
東西，還指出光的性質時說到，事實上，光被那巨
大的、不透明的、界限明晰和形態複離的龐大物所
吸收、所阻擋、所反射的時候，光得以最純潔地，
最明晰及完整的形式展出其本性和一些屬性，使欣
賞者大受其惠 27。

---

26 G.W.F. Hegel, Esthétique, Troisième volume, Traduction S.
　　Jankélévitch, Flammarion , Paris , 1979 , P.61.

27 Arthur Schopenhauer , Die Welt als Wille und Vorstellung I ,
　　Sämtliche Werke , Band I , Suhrkamp , Frankfurt am Main , 1986 ,

　　叔本華強調光對建築藝術的重要，其實也是依據其思想而來，就是"在觀念中"以及"意志客體化"的叔本華根深蒂固的思想，他以爲透過意志客體化在清晰的直覺中來區分，建築藝術是最低的一個等級，正因爲是最低一個等別，當建築藝術作品供我們欣賞時，這作品的客觀意義相對的比較小，因此如果建築物得到適當的照明，欣賞者的享受就不再是完全依靠觀念，而是隨著依靠觀念而引起的主觀對應的客體，這時的主觀看到客體的建築物時，已經擺脫了意志的奴役而上升到純粹的，不帶意志的認識主體，可以確定的是光之於建築藝術對叔本華來說，除了風水的觀察，如果有蔚藍的天空可獲得雙重的美，而入夜的明月及星光亦能享受詩情畫意的美境外，亦能在直覺的觀念中產生意志客體化不同的等級。

　　另外，就是很多哲學家，建築藝術家在討論建築藝術時必定會提出的一個問題就是建築藝術的目的性問題。康德把建築看成是體現一些事物的概念的藝術，而這些事物只有通過藝術才有可能，他們的形式沒有自然，而是一個任意的目的當作其規定

P.306.

原則，但這目的必須同時表達出一種合審美目的的
方法。而且康德特別強調一個產品對於某種運用的
適合性正是建築作品的本質 [28]。而黑格爾更是把建
築的目的性說成是確定的，他認爲建築的基本概念
在於精神性的意義並不是單獨納入建築作品中，使
建築作品因而成爲內在意義的一種獨立象徵，而是
這意義在建築之外本來就自己存在著。黑格爾還把
這種自我早已存在的意義用藝術和實際生活兩種方
式去表達。前哈佛大學及普林斯頓大學的教授 N.
Goodman 及 C.Z. Elgin，在談到叔本華的藝術等級時
也說到建築和音樂的描述表現都是非常少的，不過
他指出建築有美學及確定的兩大功能，而這兩種功
能的關係則是相互依存直到相互加強其作用去面對
外在的強制力量。這種關係可能是一種強大的複雜
性。[29]。無論是黑格爾或 Goodman 及 Elgin 這裡所
指的建築作品除了藝術的審美外，就是在日常生活
中使用的目的。

---

28 Immanuel Kant , Kritik der Urteilskraft , Fourier Verlag ,
   Wiesbaden , 2003 , P.777.

29 G.W.F. Hegel, Esthétique, Troisième volume, Traduction S.
   Jankélévitch, Flammarion , Paris , 1979 , P.60.
   N.Goodman-C.Z. Elgin , Reconceptions en philosophie , Traduit
   de l'américain par jean-Pierre Cometti et Roger Pouivet , P.U.F.
   Paris , 1994 , PP.31-32.

　　而叔本華對建築藝術的目的是實用目的重要過審美的目的，往往是審美目的要去配合實用的目的，例如寺廟、皇宮或是兵器陳列館等等不同用途的建築物，就有不同的建築藝術設計，他不只建築藝術，甚至連其他的藝術作品都認爲很少是純粹爲了審美的目的，只要談到藝術他就把審美的目的附屬在藝術的實用目的之下，所以，在實用目的爲主的建築藝術作品還能兼負審美目的，這種作品的創作者真是了不起，當然正因爲以實用爲先，審美的範圍自己就受到限制，而且受到氣候地理環境的影響，世界上每個地區的建築都各自代表了該地區的建築特色，他還用北歐的房子來說明他的論點，他說 "在北歐的天空下，建築藝術的審美目的就要大受委曲，這裡要求的是鴿籠式的房子，尖頂的閣塔，建築藝術既然只能在很窄狹的範圍內展出其特有的美，就更加要借重雕刻的裝飾作爲代用品" [30]。雖然審美目的受到限制，但叔本華還是認同建築藝術的實用性，正是因爲這些必然性與功利性，反而幫助了建築藝術， "因爲建築如果不同時又是一種有實

---

30 Arthur Schopenhauer，Die Welt als Wille und Vorstellung I，Sämtliche Werke，Band I，Suhrkamp，Frankfurt am Main，1986，P.307.

利有必要的工藝，在人類中有著堅固和光榮的地位的話，以其工程的浩大和經費的龐大而藝術效用的範圍又如此狹窄，建築藝術就根本不可能作爲純粹的藝術而保存到今天”[31]。由這可以看到叔本華肯定建築藝術的實用目的價值。又由於叔本華的建築藝術的概念，完全由重力與抗力發展而成，而水利工程建築的藝術美正因爲主要是由重力和流動液體性的關係所組成，所以在他看來，水利工程就不能和建築藝術並列，雖然兩種藝術都有相同的觀念，但是水利工程中的巨流、瀑布、水柱般高的噴泉和如鏡般的湖水，都只顯示出沉重液體物質的概念，而建築藝術所顯示出來的是固體物質的觀念。而他正是用他那套有實用的建築來支持審美的目的才成爲建築藝術的思想去否定了水利工程可被稱爲建築藝術的可能。

也正因爲重力與抗力的對立造成建築藝術的概念，叔本華認爲建築材料就有一種直覺的認識，照他的看法，越重的建材所建成的作品就越是有美感，所以用浮石（Bimsstein）建成的房子，就像一

---

31 Arthur Schopenhauer , Die Welt als Wille und Vorstellung I , Sämtliche Werke , Band I , Suhrkamp , Frankfurt am Main , 1986 , P.308.

座假屋一樣，這樣就會減少我們對這種建築作品的
欣賞的價值。如果建築作品是以木料建成的話，由
於木頭較輕，自然力的表達也較微弱，整個建築物
的每一部份和必然性都會改變。他認爲雖然用木料
也可建成各種建築物，但在他眼中完全不是藝術的
建築 [32]。他否定了木料建築是藝術建築，曾如他說
的由他的理論可以說明。

　　但是我們就有另外的看法，叔本華雖因家境富
裕，從小就能周遊列國，但跑來跑去也只限於歐洲
諸國，看來看去也只能接觸一些希臘式的建築，羅
馬式建築，哥特式建築，文藝復興建築，巴洛克式
建築等等，如果他能來到亞洲看看亞洲的建築，不
知道他是否還會肯定木建築不是藝術建築？例如中
國過去的一、二千年就曾經有不少木建築，有些還
保存到今天。中國建築大師梁思成在其 "中國建築
史" 中對中國的木建築有很多的探討，很多寺廟都
是木建築都極具建築藝術的價值，他在描述山西大
同縣西之雲岡石窟時指出 "其上部直頂窟頂，故未
能將塔頂刻出，其下部各層，則爲當時木建築之忠

---

32 Arthur Schopenhauer , Die Welt als Wille und Vorstellung I ,
Sämtliche Werke , Band I , Suhrkamp , Frankfurt am Main , 1986 ,
P.305.

實模型。《洛陽伽藍記》所記永寧寺九層浮圖即此類
也。此式實物，尙見於日本奈良之法隆寺，蓋隋代
高麗僧所建，其型制具魏齊之法也。窟壁浮雕，亦
有此式木塔"[33]。歐洲木建築的專家 Bernard Marrey
在其"木的歷史"一書中除了介紹世界各地的木建
築外，還介紹了 1990 年代以來巴黎的一些木建築，
例如巴黎北郊 Aubervilliers 的簾租屋小城（Petite
cité HLM-PLA），巴黎 13 區的法國國家圖書館，以
及法國 Bordeaux 地區的酒城之門（Porte de la cité
des vins）等等都是現代木構建築，在遠東他更清楚
的指出日本奈良的"法隆寺"是整個建構以木料爲
建築的建築物當中在世界上是知名的木建築中最古
老的一個，是西元 607 年開始建築，正是中國隋煬
帝，大業三年 [34]。而梁思成又特別提到山西大同城
樓爲現存明代木構之最古者 [35]。歐洲木建築大師、

---

33 梁思成 ，中國建築史 ，百花文藝出版社 ，天津 ，2005，P. 68.
　　另可參閱
　　趙廣超，不只中國木建築 ，三聯書店 ，北京 ，2006，P.53.
　　趙廣超說明木建築的優點、缺點時，亦提及永寧寺，他注說"並
　　非不可能，《洛陽伽藍記》內記載北魏時期（516）永寧寺內曾
　　經起過一座舉世無匹的 9 層木塔，高度相當于 136.7 米，比現
　　存世上最高的木構造建築 —— 山西應縣釋迦木塔（建於遼代
　　1056 年，高 67.31 米）還要高一倍多"。

34 Bernard Marrey , Des histoires de bois , Éditions du Pavillon de
　　l'Arsenal , Paris , 1994 , P.21.

35 梁思成，中國建築史，百花文藝出版社，天津，2005，P.375.

巴黎建築學院教授 Roland Schweitzer 認爲由史前到
工業世紀，木材在人類和其環境的對話中扮演一個
主要的角色。自有時間開始，木材就是建築的第一
種材料，是木材誕生了建築藝術，木材走在建築工
程的其他形式之前，並對其他建築形式做出指引
[36]。我們巴黎第一大學的校友，設計專家趙廣超在其
重要著作"不只中國木建築"中這樣形容木建築，
他說『大家常常以"墙倒屋不塌"來形容中國的木
建築。其實支撐起屋頂的根本就不是墙壁，而是由
柱網樑枋所組成的框架。道地的木建築，屋身的墙
壁都輕巧得可以又裝又拆，墙倒了自然"屋不塌"』
[37]。又說"我們往往可以在西方的建築上看到精美的
雕刻，在中國的建築上則可以在雕刻之外找到其他
一切的工藝。一本中國建築史，幾乎就是整個工藝
發展史。原因盡在建材—木頭"[38]。另外，在歐洲也
不少木建築，例如德國漢諾威（Hanover）博覽會就
有些展館是木構造，其中如瑞士館就是美奐美侖的

---

36 Roland Schweitzer，Construire en bois，Presses Polytechniques
　　et Universitaires Romandes，Lausanne，2007，P.24."木建築"
　　（Construire en bois）這本書是由五位歐洲現代木建築專家共同
　　合著的一本有關木建築的經典名著，筆者引著的是 Schweitzer
　　教授的內文，所以只寫出其名字。
37 趙廣超　，不只中國木建築，三聯書店，北京，2006，P.46.
38 趙廣超　，不只中國木建築，三聯書店，北京，2006，P.8.

木建築。我們同意建築學者陳啓仁及張紋韶在談到木建築的舞台時的看法，他們說"與其說我們在真正的木建築邊緣徘徊，倒不如說有太多的『錯誤示範』出現在我們的周遭，許多人的潛在思維早已被木建築『臨時』、『便宜』,『快速』、『有就可以了』等錯誤印象所深深誤導"[39]。由這些引証我們認爲木建築不應該被排出藝術建築之外，不用說中國了不起的最大的木建築物北京故宮太和殿，如果參觀過現代香港聞名於世的佛寺"志蓮淨苑"後，除看到其建築全部爲木建築外，更令人沉入美感的藝術氣氛中，更足以証實木建築可以是藝術建築。

二、花園藝術

園林藝術應該算是建築藝術的範圍，因爲一般講園林藝術當然講的是動植物花園以及其中的一些建築物，一般說園林藝術，其中必定有建築師以及園林規劃師，共同設計的產品，例如法國古典主義園林藝術的創始人 André Le Nôtre （1613-1700）就是法國最了不起的園林設計師，André 是祖傳的花園設計管理人，他祖父已經是巴黎杜落里花園（Les

---

39 陳啓仁、張欽韶 ，認識木建築 ，木馬文化出版社 ，台北縣 ，2003 , P.28.

Jardins des Tuileries）的管理人，後來他爸爸接他祖
父的工作繼續管理杜落里花園，到 1637 年由他爸爸
交由 André 繼續管理，André 的教父、母等也都是
花園管理人，他一生設計了很多法國有名的城堡花
園。我說他了不起是因為他是法國離巴黎 50 公里遠
的非常有名的城堡 Château de Vaux de Vicomte 的
園林設計人，又曾主持凡爾賽公園（Parc de
Versailles）的園林設計，另外巴黎市重要的建築中
軸線，由凱旋門（Arc de triomphe）經香謝大道
（Avenue des Champs- Élysées）、杜落里花園到羅浮
宮（Palais du Louvre），其中杜落里花園也曾由他設
計管理。以上這幾個法國經典級的園林花園，筆者
都曾身歷其境，整個建築物與園林的融合，雖然美，
但有強迫自然接受人為法則的感覺，而中國杭州的
西湖，蘇州的網師園以及北京的北海公園，故宮御
花園等等都是眾多園林建築中大家比較清楚的，講
到花園藝術我們就不得不提及香港最新的一個全人
工的花園 —— 南蓮園池（2006 年 11 月開放）。這是
香港政府和佛教志蓮淨苑合作的成果，香港地價之
高昂，香港政府竟然在市區撥出 3 萬 5 千平方公尺
的地，全權交由志蓮淨苑負責籌劃、設計和建造整
座園地的工程，在這個繁囂喧嘩的商業城有此動機

真是難能可貴。建設其間，南蓮園池的總設計師、
園藝設計專家　宏勳　法師曾帶領我們參觀並介紹說
明其設計的觀念，以及有些建園材料如巨石、巨木，
都由大陸特屬專有的地區運回香港，南蓮園池是仿
唐山水回遊式設計的庭園，設計構思以山西有跡可
尋的絳守居爲藍本，是一座自然山水的園林，不但
綜合詩、畫、書法、建築、園藝等各種藝術形式，
更反映了中國傳統哲學理念。由這些中國式花園看
到雖然也是經過人爲修整，甚至如香港南蓮園池完
全由人工造成，但感受上確實有比較自然的感覺，
真可形容爲＂人作天成＂這種人作天成的自然式園
林較爲適合叔本華對園林藝術的看法，他在其＂意
志與表象世界＂第一版§44　一開始就爲花園藝術
（Gartenkunst）中風景美定下兩個條件：1. 在一切
之前必須聚集大量的自然的東西。2. 在各種自然東
西中各自清楚的區分開來，雖然各自獨立區分開
來，但是又同時尊重每一個單獨個體及整體的雜多
性 [40]。

　　叔本華在§44 節中對花園藝術著墨可以說非常

---

[40] Arthur Schopenhauer，Die Welt als Wille und Vorstellung I，
Sämtliche Werke，Band I，Suhrkamp，Frankfurt am Main，1986，
P.308.

少，總共不到三頁的字數，而他還是要以一節的地位來立論，個中當然是有原因，由於他強調花園藝術以自然為主，而且自然的東西完全不能像建築一樣可以控制它自己的物質，在叔本華的花園世界裡，完全是聽天由命的自然美，所以藝術部份應該是沒有什麼可看的。所以，他舉風景畫為例，植物世界其中包括無意識的自然界中，美的沉思是不需經由藝術媒介都可產生。就像欣賞一幅畫一樣，一些建築物外形或內在的裝飾佈置，完全是由主觀的欣賞來引導，也就是說對於欣賞一個客體的美，主要不是在於客體所陳現出來的直接觀念，而是主觀意識對客觀表象所出現的觀念，也就是叔本華強調的一種純粹而無意志的認識。如果我們借畫家的眼睛去看事物，亦可有一種心神的寧靜，意志消沉的快慰，這種關係，還是要靠我們主觀活的生命力，自我的沉浸到一些無生命力的對象，當然這就是叔本華所說的高度客體化的境界去領悟客體事物。他指出風景畫有較高的意志客體化的力量，但是說到動物畫和動物雕刻則又有意志客體化更高的級別，古代的動物浮雕及雕刻，這些動物的作品，叔本華認為這些動物的雕刻，在美感的客體化方面和主體的意志方面相比就已經明顯的超越了主體意志的感覺，因爲這時的情況是認識觀念的主體已經把自己的意志壓制下去，而產生一種主體的寧靜。但這種寧靜並未能給鑒賞者帶來任何因寧靜而來的效果，因爲我們的心情還是被我們意志的不安所佔有，所出現於我們的就是人們很難擺脫的欲望。但是這種欲望在雕刻的形態中的顯現就有所不同，因爲他不是由主觀的思想去引導，而是在粗獷中明顯的表達出來，又因爲這種粗獷的表達，沒有任何僞裝，是坦白的，無所掩飾的，叔本華對動物發生興趣主要也是因爲這一點。他說 "在畫出植物時已顯出了種類的特徵，不過還只是在形式中顯現出來，在動物（雕刻）則特徵就明鮮得多，並且不在形式中顯出，而是在行動、姿勢、體態中顯示出來，不過最終還是種類的特徵而不是個性的特徵" [41]。

　　所以，一些較高級別觀念的認識，例如在繪畫中通過別人的媒介而接受的認識，當我們在欣賞植物和觀察動物時也可直接得到的。無論是無生命或有生命，植物與動物在美的認知過程中，一定標記著意志顯露的各種程度和方式的客體化，這一切莫

---

41 Arthur Schopenhauer, Die Welt als Wille und Vorstellung I, Sämtliche Werke, Band I, Suhrkamp, Frankfurt am Main, 1986, P.310.

非都因意志而起，所以叔本華說＂在一切生物中都只不過是同一個意志，這意志所欲求的也到處是同一個目的，就是在變化無窮的形式下，吸取不同的外在環境，在存在中，在生命中意志達到客體化，就好像是同一主旋律的許多變調＂[42]。我們看到叔本華的藝術等級中，花園藝術的討論雖然不多，而且和一般的園林藝術不同，但是非常重要，因爲它正是叔本華藝術等級中由無機轉化成有機的一個橋樑，在其意志客體化中由低級別提升到高級別的一個中點站，一個由無生命進化到植物、動物，甚至於人的不可或缺的過程，也正因爲有這一等級使我們進一步了解動植物內在的本質，也正因爲這一等級令我們能進入到對人性藝術等級的討論，而雕刻與故事畫正是我們即將開始探討的人性藝術等級。

三、雕　塑

　　與其說雕塑是來自創造，不如說她是源自對人類生命的模仿，前法國博物館名譽館長 Luc Benoist 在他的著作＂歐洲雕塑＂書中對雕塑有這樣的描

---

42 Arthur Schopenhauer，Die Welt als Wille und Vorstellung I，Sämtliche Werke，Band I，Suhrkamp，Frankfurt am Main，1986，P. 311.

述，他說 "雕塑完全沒有與建築一樣相對應的物質
需要，而是僅有像繪畫一樣的裝飾性。雕塑模仿神
性的作品" [43]。這句話給我們的印象是雕塑並非靜態
的，而且還是和神性也有關聯的動態的藝術，幾萬
年前相信人類以泥土為樂，製造出不少人型，動物
之類的產品，都是在留下生命過程的欲望本能下，
刻意企圖留下自己的痕跡，在人生周圍刻下自己的
烙印。而到現今人類尚留存的最早的雕塑就是於
1908 年由考古學家 Josef Szombathy 在奧地利維倫
多夫（Willendorf）附近一舊石器時代遺址發現。雕
像由一塊帶有紅赭色彩的鮞粒石灰石雕刻而成。現
保存在維也納自然歷史博物館，表達人類性崇拜的
"維倫多夫的維納斯"（Vénus de Willendorf）有將
近二萬伍千年歷史的小雕塑。另外在法國於 1922 年
由 René de Saint-Périer 在法國南部 Haute-Garonne
地區發現，現保存在巴黎人類博物館（Musée de
l'Homme）的象牙雕塑類普個維納斯（Vénus de
Lespugue）亦有二萬五千年左右，這個小雕像正是
講雕塑最美的一個實例，直接透過切割，精緻的研
磨，以及完美的磨光。這種尚存的雕塑極品，已經

---

43 Luc Benoist，La sculpture en europe，P.U.F. Paris，1949，P.5.

爲雕塑解碼，我們一般說"雕塑"這個術語，是意
味著切割、琢磨，就是把某種雕塑的材料除掉某部
份再把它研磨成型，就是所講的雕塑，在現代材料
發達的時代，要特別注意是"雕塑"與"塑造"的
區分，一般的塑造就是指模具壓造而成的產品，和
雕塑的藝術品是完全不能相提並論的。

　　雕塑是以某種物材和挖割精磨的三度空間形態
的藝術，亦可說是造型藝術，由人類原始到今日科
技現代化的生活方式，一個雕塑藝術品之成型，可
經過各種不同的雕刻、塑、堆、貼、焊、編等等的
方式。自從二十世紀科技突飛又可區分了傳統雕塑
和現代雕塑，傳統雕塑一般以可看得見、摸得到的
材料，如土、木、沙、石、金屬，石膏、臘、冰等
靜態，包括塑造，切割和組裝的三度空間藝術，而
現代雕塑則是利用科技材料，製作而成的四、五度
的動態雕塑。而雕塑的形式則大致可分成圓雕、浮
雕以及透雕。圓雕就是不需依靠任何背景，可從各
個角度欣賞的立體雕塑，浮雕則是必須依附於一個
背景，又矗立於這背景之外。透雕是介於圓雕和浮
雕之間的一種雕塑，又稱爲鏤空雕。

　　在靜態雕塑與動態雕塑之間，當然可看出雕塑
的傳統與現代的不同，而遠在十八、十九世紀的哲

學家叔本華必然以我們所說的靜態雕塑來看雕塑藝術，我們也必須指出完全是以哲學家的立場來討論這種雕塑藝術，所以對叔本華來說，他完全用人性來表達他對這門藝術的看法，唯有在人性的表達最普遍的情況下，雕塑才能很精確的組成他的美。因此，意志在這雕塑藝術中達到最高度客體化的觀念，正是雕塑最重要的課題，實際上，人性的美有一種特殊的特徵，但並不是由於個別個人的，而是必須由人這一個類別和個人的區分為基礎，去建構叔本華雕塑的看法，他認為談雕塑時，我們欣賞美的客體方面絕對是站在支配的地位，而主觀方面則退出幕前，走到幕後。叔本華特別提出，當藝術在表達人的時候人這一族類的特徵和個體特徵是分開的，族類的特徵叫做美（完全在客觀意義上），而個體的特徵可簡單地叫做特徵或表情 44。人的美是一種客觀的表現，由這表現可看到意志在被認識的最高級別上，最完美的客體化上，是人的觀念表達出在直覺可看得到的形式中，在這裡顯出客觀對美的重要性，但還是須要主觀方面的協助才能在叔本華

---

44 Arthur Schopenhauer , Die Welt als Wille und Vorstellung I , Sämtliche Werke , Band I , Suhrkamp , Frankfurt am Main , 1986 , P.311.

的世界達到美，也就是叔本華所講的族類特徵的美
才是人的美，完全是一種勻稱的組成，每一個個體
都依賴於一個整體，才能協調出完美的方法。所以
在叔本華的雕塑藝術中講的是類型的真實外，還要
有個人特徵的元素。也就是叔本華說的“性格”。
叔本華以為，人體是各不同部份組成的最複雜的系
統，其中每部份都有一個從屬於整體，但又是獨特
的生命。至於所有這些部份是在適當方式下從屬於
整體，在適當方式下互相配合，為了整體的表達而
和諧地互相協力，不多出一點，也不勉強一點，這
一切就是這罕有的條件，就是說它的後果就是美，
就是完全刻劃出來的族類特徵 [45]。

　　談雕塑的客體的藝術美的部份，我們認為在其
意志與表象世界第二版第四卷中，由第 42 章到 44
章所論述的性愛形上學方面的理論最能看出和雕塑
客體美的相似性，他也是以個體和族類來說明人類
的繁延，就男女性關係來看，兩性間之所以會互相
吸引以致相互結合，是由於各種生物的種族求生意
志的本能，這種意志預見到他們所產生的個體，很

---

45 Arthur Schopenhauer，Die Welt als Wille und Vorstellung I，
Sämtliche Werke，Band I，Suhrkamp，Frankfurt am Main，1986，
P.312.

適合於意志本身的目的和其本質的客觀性，在論
"質的遺傳"這一章一開頭他就說"在生殖的行爲
的結合中，父母所產生的胚胎，不僅僅是種族的特
徵性，還有個體的特性"[46]。叔本華又在其"愛的形
上學"一章中完全表達出一種性本能的重要地位，
他以爲這種性本能是除了生命以外，人的所有各種
精力中最強、最旺的力量，更是人類一生努力的終
極目標，性愛有時可妨害最重要的事情，且可令工
作忽然中斷，甚至有最高頭腦的智者都受到困惑，
可走入政治家的議堂或學者的心房，爲了愛，人類
有時可以犧牲生命、健康、地位、財富，有時又可
使一個正直的人說出連篇的謊話，使原本厚道的人
變成忘恩負義，這些種種的性本能的愛的力量，在
這混亂的人世間是爲了每個個人在尋找他的另一半
[47]，這裡可看到叔本華美的標準，其實就是指導人們
所做的性伴侶的選擇，多少都因性伴侶生理上性完
美的功能來決定，也就是完全著力在生育能力的程
度上來選擇性伴侶，這正是叔本華雕塑客體美的標

---

46 Arthur Schopenhauer , Die Welt als Wille und Vorstellung II ,
　Sämtliche Werke , Band II , Suhrkamp , Frankfurt am Main ,
　1986 , P.660.
47 Arthur Schopenhauer , Die Welt als Wille und Vorstellung II ,
　Sämtliche Werke , Band II , Suhrkamp , Frankfurt am Main ,
　1986 , PP. 681-682.

準的指標。

　　所以，這種對性伴侶的選擇的心態，正是他強調在經驗之前就已經預感著美，照叔本華看來純粹從後驗和只是從經驗，我們是不可能得到任何美的認識，美的認識至少部份是先驗的，不過這種先驗認識和理性原則所表達的先驗認識完全不同。而這種預感正是希臘的天才們發現人類體形的原始典型的最原初的動因，也因這預感才能確立這典型為人體雕塑藝術的準則。他說我們所有的人都只有借助於這種預感，才可能在大自然在個別事物中認識美，這個預感就是理想[48]。由此可看到叔本華總是以主體去融入客體，在這裡他就是透過觀念的先驗性去補助大自然經驗世界所提出來的存在事物，在這主體進入客體過程中，自然就有我們意志客體化的程度來評估美的深淺。叔本華又在其"意志與表象世界"第二版第 36 章指出，人體美更深入看，總是意志的結合，一種性本能與它的性對象的選擇的結合，就是性愛，（就是大家熟知的希臘人的重大失去理智的主題），當然這些性愛元素是積極的，已經

---

48 Arthur Schopenhauer，Die Welt als Wille und Vorstellung I，Sämtliche Werke，Band I，Suhrkamp，Frankfurt am Main，1986，P. 314.

脫離了由不正常及高級理智所支配的意志，變成一種人類美的客體感覺。他還引述歌德（Goethe）形容藝術家的話說"只有用神化的精神及人類的手，我才能塑造，當和我太太在一起的時候，我才能以及必須做出像所有動物一樣的事情"[49]。因此，美的雕塑中自然存在一種客體的特徵，而這種美意味著對這特徵概括性的沉思，一個雕塑的人本質上要美一定是自然的人，也就是對人的觀念來設想，就是在人的整個外觀中考慮人的意志，這種人的意志透過高度客體化程度，去反抗在自然的支配中的其他的意志。這就是透過雕塑所表達出來的人類的美。叔本華說"人的美是一種客觀的表現，這種表現標誌著意志在其可被認識的最高級別上，最完美的客體化上，根本是人的觀念在直覺的形式中完全可以被表達出來"[50]。

　　叔本華在論美學與美的形上學中說到，造型藝術的作品很快就將我們由個體引導到純粹形式上，他用紀念偉人而豎立的塑像來說明，他認為這類偉

---

49 Arthur Schopenhauer，Die Welt als Wille und Vorstellung Ⅱ，Sämtliche Werke，Band Ⅱ，Suhrkamp，Frankfurt am Main，1986，P.539.

50 Arthur Schopenhauer，Die Welt als Wille und Vorstellung Ⅰ，Sämtliche Werke，Band Ⅰ，Suhrkamp，Frankfurt am Main，1986，P. 311.

人身穿現代人的衣服是不適合的。因爲這種偉人都
是理想型的人物，而非現實的人，是人們心目中的
英雄，自然有他的素質。一個理想型的人物，在人
物形態中應該只以古人的方式穿著，也就是半裸著
身體。只有這樣的處理才符合雕塑的原則，因爲雕
塑所專注的只是形式，要求一種典範及完整的人類
形式 [51]。所以就要形式和物質分開，形式脫離物質
就更接近觀念，每一種造型藝術都是這種分離，無
論是繪畫或雕塑，所以，這種分離，這種形式與物
質的區分就是美學作品的特徵，這只是因爲美學作
品的目的就是引導我們去認識一種柏拉圖式的觀念
[52]。這種透過意志客體化要去表達一個觀念在直覺的
形式中，很自然引發出一個藝術與模仿的問題。

　　叔本華透過雕塑去探討藝術和模仿的問題，叔
本華以爲正是因爲沒有任何一個客體的人的形式及
面容的美能把我們提升到美的純粹沉思中，一看到
其外貌，我們就被一種說不出的快感所控制，使我

---

51 Arthur Schopenhauer，Parerga und Paralipomena II，Sämtliche
Werke，Band V，Suhrkamp，Frankfurt am Main，1986，P.530.

52 Arthur Schopenhauer，Parerga und Paralipomena II，Sämtliche
Werke，Band V，Suhrkamp，Frankfurt am Main，1986，P.498.
席勒也說 "藝術大師的真正藝術秘密，就在於他用形式來消除
材料"。
參閱：[德]弗里德里希‧席勒，審美教育書簡，馮至，范大
灿 譯，上海人民出版社，上海，2003，P.176.

們能自我超越，以及超然於一切使我們痛苦的事物
之上，所以這情況的可能只在於意志可以最明晰，
最純潔的認識的可能性，也最輕易地，最快的把我
們送入純粹的認識狀態，在這狀態中，只要純粹的
美感還在，我們的人格，我們的欲求及經常的痛苦
就都消失了。這種叔本華的雕塑藝術思想和其後來
者柏格森有前後呼應的感覺，柏格森對雕塑藝術也
有類似的看法，他說＂造型藝術給一些和固定性同
類的事實突然加在生活上，由於物質的傳染，使這
固定性引起觀眾的注意。古代雕塑的作品表現種種
輕盈的感情，這些感情就像吐出的一口氣一樣掠過
這些雕塑品，但石頭的蒼白不動性能對開始的情緒
產生感情的顯露，我不知怎麼一回事就永恆的、固
定在哪裡，因此，我們的思想被吸收了，我們的意
志消失了＂[53]。柏格森這種由石頭的不動性到感情的
顯露，甚至到意志的消失的觀點，和叔本華的雕塑
思想如出一轍，由叔本華的這些看法，可以知道，
藝術與模仿本來就是不可分的，只是當要表達在作

---

53 Arthur Schopenhauer , Die Welt als Wille und Vorstellung I ,
   Sämtliche Werke , Band I , Suhrkamp , Frankfurt am Main , 1986 ,
   P. 312.
   Henri Bergson , Essai sur les données immédiates de la
   conscience , 155e édition , P.U.F. Paris , 1982 , PP. 11-12.

品時，必須觀念要被表達得清楚、純粹、精確以及
在於意志客體化程度的高低上。正因有觀念的必然
性，任何一個好的藝術創作者他必然是由於對美有
一種擬想的預感才能創造出造型藝術的作品，雖然
要有擬想預感，但藝術創作也要經驗作爲基礎，只
有在經驗的基礎上，那先驗的模糊回憶
（Reminiszenzen）的東西才能引出來變爲明晰的東
西，然後才能出現創作的可能，叔本華還說 "當代
雕塑之所以能產生，就像當代拉丁詩一樣，這種詩
是由模糊回憶(Reminiszenzen)所生的模仿的女兒"
[54]。所以當藝術客體反射到先驗（A Priori），必須知
道一種自然所無法表達的觀念，藝術的經驗來源，
自然的客體，只能在激發整個經驗的先前觀念的回
憶才能存在，但是藝術的經驗來源並不能通達藝術
的作品。所以，雕塑總是以個別性格在某些方面把
這種族類特徵的美加以修正和限制，必定要在突出
人的觀念的某一方面時，在一定的，個別的方式下
表達出人的觀念。

　　另外，在雕塑中，叔本華亦強調美和儀態依然

54 Arthur Schopenhauer , Die Welt als Wille und Vorstellung II ,
Sämtliche Werke , Band II , Suhrkamp , Frankfurt am Main ,
1986 , P.540.

是主要的課題，但在雕塑藝術中眼神的表達以及色
彩的運用就完全不是重要的元素，甚至可說這兩者
並不屬於雕塑藝術範圍之內。反而在人體雕塑的課
題中，叔本華認爲雕塑喜歡裸體，因爲除了儀態之
外，美也是雕塑主要的客體，所以關於人體雕塑方
面，只有在衣服完全不遮掩身型時才容許衣著。一
般雕塑利用藝術上的褶襉不是用來遮隱，反而是間
接的用來表達身段。所以雕塑強調的是一種先兆式
的暗示（ Andeutungen ），而非象徵式的明示
（Symbolische）[55]。因此，雕塑的美不是只在沉思
人的形式，希臘人就可找到人的美的理想，而沙士
比亞也不是在他原本的世界經驗中找出他戲劇中的
主角，Raphaël 也不是在羅馬街頭找到 Sainte Cécile
的面容。其實希臘人已定下雕塑美的標準，就是人
的觀念，就是一種人的意志的直覺對立於所有其他
欲望的形式，因此，當代雕塑家只能相等於前人，
不可能超越前人，叔本華說 "美的令人想往的感
覺，使希臘人能令地球上的人，打開正常的型式以
及人類形式的真，並建立從來沒有的美的模型，都

---

55 Arthur Schopenhauer , Die Welt als Wille und Vorstellung I ,
　　Sämtliche Werke , Band I , Suhrkamp , Frankfurt am Main , 1986 ,
　　P. 322.

是感恩於模仿"[56]。他們能完成這種回顧,亦能使人
類意志的自我沉思,透過藝術家的視野,可走到很
遠,同時在時空上距離的掌握,正是希臘人雕塑完
美的可能性。總的來說,叔本華的雕塑藝術,必然
是一種模仿,但要使藝術品活起來,必須要注入生
命,就是把柏拉圖的模糊的回憶被放入柏拉圖的觀
念世界中,然後要赤裸裸無遮無掩的把真表達出
來,所以叔本華最喜歡全裸身子過日子,這正是一
個心靈優美而思想豐富的人,在他把自己思想表達
出來時,必定是用最自然,最不兜圈子,最簡單、
最明晰的方式來表達自己的思想,這正是叔本華雕
塑藝術的境界。

四、繪 畫

用日常語言說"繪畫"意味著小幅的畫,就是
在任何一個物質及適度的體積的平面上,由一個藝
術家蓋上各種顏色並簽上藝術家大名,但幾千年
來,附著在支架上、壁上,用紙或絲做成一卷一卷
的畫,所以也可稱爲卷畫[57]。這是 Luc Benoist 在其

56 Arthur Schopenhauer, Die Welt als Wille und Vorstellung Ⅱ, Sämtliche Werke, Band Ⅱ, Suhrkamp, Frankfurt am Main, 1986, P.539.
57 Luc Benoist, Histoire de la peinture, P.U.F. Paris, 1977, P.5.

"繪畫的歷史"一書開宗明義對繪畫的形容，我們一般人看繪畫就是把一些顏色塗在一些材料例如紙、布、絲、木、玻璃、金屬等等的表面上的動作。而在藝術的層面來看繪畫意味顏色塗在材料表面上的動作，如圖案的結合，是一種以美為目的組合。因此，亦可說在任何一種表面上用手工模仿自然的藝術。由此看到，其實繪畫就是畫家表達一種個人的表現，在各藝術家所欲表達的各種不同主題的方法。人類到目前由考古工作者在歐洲所發現最早的繪畫是人類史前時期舊石器到新石器時代，距今已有約三萬年。例如"受傷的野牛"是在西班牙阿爾塔米拉洞窟壁畫發現的，而"拉斯科野馬"則是在法國 La Grotte de Lascaux 找到的。以及中國在內蒙古阿拉善右旗德柱山發現的最早的原始繪畫"鴕鳥岩畫"。從這最早的人類畫看來已經看出由藝術家主體意識去表達他對自然現象的模仿，在模仿中繪畫模仿客體現象越像越好，亦可說越真實，其繪畫技能越高超。在中國，這種繪畫真實現象在宋朝約12 世紀已經達到高峰，中西方的繪畫藝術，由中世紀對客觀現象人事物的事實主義直到文藝復興時代開始，畫家已不再注重對客觀現象的描寫的真實性，尤其到了 20 世紀，因為攝影技術的發明及普遍應用，更是大大改變了繪畫的方向，主要是由畫家主觀的表達自我的意識，當我們在欣賞一幅畫時，經常不知道這位畫家筆下的作品是畫什麼，但一定知道這位畫家是誰，已經是由畫家領導整幅畫所表達的畫家自己獨特的風格。Cassirer 認為藝術不僅有一個不同的目的，而且還有一個不同的對象。如果我們說兩個畫家在畫"相同的"景色，那就是非常壞地描述我們的美學經驗。從藝術觀點看，這種假定的相同性是由錯覺產生。我們不能說兩個畫家的題材是相同的題材，因為藝術家並不描繪或複寫一個經驗對象，例如一片有小丘和高山、小溪和河流的景色。他所給我們的是這景色的獨特和轉瞬即逝的面貌 [58]。在西方印象主義的馬奈、莫奈，後印象主義的塞尚，梵谷，野獸派的畢加索，以及抽象派的一些畫家們，都是放棄以客體現象人事物為主要模仿對象的代表。在中國，則有八大山人、楊州八怪等都表現強烈的畫家自我風格，而不再重視自然的真實性，到了齊白石、張大千更表出了大師風範，他們所畫的不一定是真實，因為他們畫的是他自己的主體性，任何人也無法模仿出他們畫中的精髓。

---

58 Ernsr Cassirer，Essai sur l'homme，Traduit de l'anglais par Norbert Massa，Les Éditions de Minuit，Paris，1975，P.206.

古今中外，繪畫可以是自然主義的、形象的、攝影的以及抽象的。繪畫的內容則可以是敘述性的、象徵性的、感情性的、甚至政治性的。由整個繪畫史看來，幾乎大部份繪畫是由宗教與精神的觀念與目的來支配。而黑格爾就是以神與精神來看繪畫，他說"繪畫就是把兩種不同的藝術統一在同一個作品裡：一種是由建築動力所形成的外在環境，另一種是雕塑活力所表現的精神形式"，又說"雕塑的神只停留在簡單及純粹客體的沉思，但繪畫的神則是一種活的精神主體，可融入社群中，使每個人都可使自己和神建立精神上的中介與共同體"[59]。

這種主要以主體與客體所組成，並以強度（Intensité）的表象（Représentation）與感知（Perception）爲其特性的繪畫，叔本華又如何去看它，在"意志與表象世界"第一版§48一開始他就先肯定繪畫，他認爲絕對沒有任何日常生活過程可以排斥於繪畫之外，所以，我們如果只承認世界史上的大事或聖經上的故事有重大意義，而對荷蘭派畫家只看重他們的技巧方面，而不重視他們的其他方面；那就太不公平了。因爲繪畫還是要以個人的性

---

59 Hegel , Esthétique , Troisième volume , Traduction S. Jankélévitch , Flammarion , Paris , 1979 , P.218.

格為主要動力，也就是叔本華的藝術哲學的主軸，
根本還是要看在意志表象的最高等級的客體化上
面。他在論述繪畫時，更提出他獨到的看法，就是
把一個行為分成內在意義和外在意義，而且兩者是
不同的 [60]，他解釋說外在意義就是一個行為在真實
世界的反應，這是依據理性原則來判斷並做決定。
而內在意義則是人內心深處對於觀念體會的結果。
這人性觀念的動力，並不在於探索這觀念的表面，
而是以個人的目的明確的，堅強地，把自己放在適
當的環境去發展他的特性。因此，在繪畫的殿堂裡
只是內在意義有地位，外在意義並沒有什麼價值。
叔本華這時付給繪畫一個表達人性的任務就不再是
像雕塑有特殊族類的特性，而是只在個人的特性之
中，我們在日常生活中的每一瞬間，如果個體的人
以及人的行為，人的欲望，直到最隱蔽的細微末節
都能夠在每一片刻中原型畢露，也可能有很大的內
在意義 [61]。叔本華這裡的內在意義主要還是說主
體、客體的結合的問題，在繪畫中以及在所有藝術

60 Arthur Schopenhauer，Die Welt als Wille und Vorstellung I，
   Sämtliche Werke，Band I，Suhrkamp，Frankfurt am Main，1986，
   P. 324.
61 Arthur Schopenhauer，Die Welt als Wille und Vorstellung I，
   Sämtliche Werke，Band I，Suhrkamp，Frankfurt am Main，1986，
   P. 324.

中，都必然有一些特殊的及個人的思想行為，就是
要達到藝術等級的最高級別。他透過內在意義最主
要是強調繪畫中個人的特性，而且可以自我淨化，
這正是繪畫的目的，叔本華說 "繪畫最原本的目
的，就像一般藝術一樣，是為了容易使我們理解這
個世界中存在的（柏拉圖的）觀念，同時可帶我們
走入純知識的情況中，也就是說意志的解脫"[62]。

　　叔本華除了肯定繪畫之外，更透過行為的內在
意義去展述繪畫的成就，在人生的瞬息變化的過眼
雲煙中，經由藝術的掌握而固定於世態畫的畫面
上，也會激起一種輕微的、別具意義的感動，法國
經典哲學家盧梭（Rousseau）就在他最偉大的教育
論著愛彌爾（Emile）書中第五章提出過女孩子應該
學習拿針線，學化妝，學綉花及打花邊，這樣自動
自發就很容易促使他們去學畫畫，因為繪畫這門藝
術同考究穿扮很有關係[63]。筆者用盧梭來証明叔本
華認為繪畫對人生日常生活有著不可分離的關係。
原來在一些個別的、卻又能代表全體的事態中把這

62　Arthur Schopenhauer , Die Welt als Wille und Vorstellung II ,
　　Sämtliche Werke , Band II , Suhrkamp , Frankfurt am Main ,
　　1986 , P.541.
63　Jean-Jacquer Rousseau , Émile ou de l'éducation ,
　　Garnier-Flammarion , Paris ,1966 , PP. 479-480 .

瞬息萬變，不停地改頭換面的世界固定在經久不變
的畫面上，這正是繪畫藝術的成就 [64]。因內在意義
以及個人特性的發展，除了抓住事態中生活的瞬息
萬變的成就外，繪畫的技藝目的更可提供美的新形
式。由一幅畫來看，它可使各種顏色和諧，佈局幸
福，令人喜愛的分佈色調與明、暗 [65]。而且很明顯
地因爲顏色及眼神注視的表達，意志的沉思都在特
別的及單一的表現中。叔本華說 "精神上的個人特
性，被表現在靈魂的狀態中、在激情中、在行爲中
以及在知識與欲望的相互影響中，所有的事物包括
面部表情和姿態表現都是能夠再現，精神上的個人
特性，我說，這是屬於繪畫的領域" [66]。

　　由於叔本華認爲具有外在意義的歷史性繪畫，
是不能透過直覺的方法，反而要以相反的方向，必
須透過思考才能認知。因此，他把一幅畫區分爲兩

---

64 Arthur Schopenhauer , Die Welt als Wille und Vorstellung I ,
　　Sämtliche Werke , Band I , Suhrkamp , Frankfurt am Main , 1986 ,
　　P. 325.
65 Arthur Schopenhauer , Die Welt als Wille und Vorstellung II ,
　　Sämtliche Werke , Band II , Suhrkamp , Frankfurt am Main ,
　　1986 , P.541.
66 Arthur Schopenhauer , Die Welt als Wille und Vorstellung I ,
　　Sämtliche Werke , Band I , Suhrkamp , Frankfurt am Main , 1986 ,
　　P. 318.

種意義：就是真實的意義與名稱的意義 [67]。名稱的
意義是外在的，只作爲概念而具有的意義，而真實
的意義是指人的觀念這方面的問題，所以，這幅畫
必然是透過直覺而顯現出來。關於這個名稱意義和
真實意義的不同，叔本華還在其 "意志與表象世
界" 第一版§48 中舉了聖經舊約 "出埃及記" 中，埃
及法老女兒發現摩西的故事，認爲是歷史上非常重
要的一個關鍵，這只是一種名稱意義，但如果以真
實意義看這件事，所給我們直覺提出來的東西則完
全相反，只是一個出身名門的貴婦從浮在水上的搖
籃中救出一個棄嬰，這種救棄嬰的事是可以經常發
生的。這裡，光是那套出身名門的衣著只在名稱意
義上有用，而在真實意義上則完全沒有重要性。因
爲對真實意義來說，它只認人本身，而不認由外表
衣著所產生的形式。又因爲在歷史中得到的題材非
個別題材，沒什麼突出的優點。而真實意義所論的
是以人做爲人的觀點去探討，完全沒有偶然的確定
性因素在內。他又強調歷史的題材只把畫家圈在一
個不按藝術目的而是按其他目的所選定範圍時，才

---

67 Arthur Schopenhauer , Die Welt als Wille und Vorstellung I ,
　Sämtliche Werke , Band I , Suhrkamp , Frankfurt am Main , 1986 ,
　P. 325.

是肯定不利。絕對不利的是，這範圍缺乏畫意和有
意味的題材。

　　另外，由於名稱和真實意義，叔本華亦提出宗
教感情畫的價值，他雖然把新約全書就歷史部份而
言，它所給繪畫題材的來源比舊約全書還更無收益
甚至更差。但在這些畫中必須做個區分，一種是專
以猶太教和基督教的歷史或神話爲題材的畫，一種
是使真正的，亦即基督教的道德精神可直覺看到的
畫，而所用的方法是在於畫出充滿宗教精神的人
物。而這種能透過直覺看到的宗教精神人物的畫，
事實上是繪畫藝術中最高的，最可敬的成就，也只
有 這 種 藝 術 中 最 偉 大 的 巨 匠 ， 如 Raphaël 和
Corrège，才能獲得這樣的成功。因爲這種宗教感情
的畫，只是把一些神聖人物畫在一起，特別是畫出
救世主和他母親及天使們的聚合。像這類畫我們可
在這些宗教人物的面部，尤其眼神中看到完美的認
識的表情和反映。這種認識是完全把握了宇宙和人
生全部本質的認識。叔本華更以這種宗教感情畫做
爲他消滅意志思想的一種人生方法，他說 "這一認
識在透過那些神聖人物心中回過頭去影響意志的時
候，就不同於別的認識，只是爲意志提供一些動機，
反而成爲一切欲求的清靜劑。這種清靜劑可產生絕

對的無欲，這正是基督教和印度智慧最內在的精
神，可以產生一切欲求的放棄，意志的清除，隨意
志消失可產生解脫後的永福"[68]。由他這段思想可以
知道，他的畫中，最高級別的正是必須直覺表達出
這種最高的智慧。這也正是藝術的最高境界。而這
過程則必然經由意志客體性來產生，以便達到自由
的自我揚棄。而這種自我揚棄必由強大的清靜劑來
完成，這清靜劑則是意志完全認識了它自身的本質
之後的成果。雖然叔本華特別指出宗教含意的畫可
達到清除意志，可產生解脫，而他又在討論哲學與
宗教的問題上，特別提出原初的感覺（Sensu Proprio）
和寓言的感覺（Sensu Allegorico），更強調寓言感覺
對宗教的重要性，他認為信仰指揮行為，就寓言實
踐言，它引導原初的感覺，理所當然宗教可許諾信
徒走向永生的真福[69]。但是，在繪畫的領域裡寓言
是沒有地位的，叔本華在其"意志與表象世界"第
一版§50有非常詳細的說明，而且還在該書第二版第
36章舉例証明他這個觀點。

---

68 Arthur Schopenhauer , Die Welt als Wille und Vorstellung I ,
　　Sämtliche Werke , Band I , Suhrkamp , Frankfurt am Main , 1986 ,
　　P. 327.
69 Arthur Schopenhauer, Die Welt als Wille und Vorstellung II ,
　　Sämtliche Werke , Band II , Suhrkamp ,Frankfurt am Main , 1986 ,
　　PP. 214-215.

　　在討論寓言畫的問題時，叔本華是先區分了觀念（Idee）和概念（Begriff）的作用，並以觀念與概念去說明，他認為藝術的目的就是將藝術家用心靈所做出的作品，把一切現象界的雜多清理純化後的一種觀念的領悟。所以他絕對不會同意一件藝術作品是表達一個概念。他說 "一個概念永遠不是藝術作品的來源，傳達一個概念也絕不是藝術作品的目的" [70]。在他看來寓言畫正是透過概念所表達的作品。而觀念的領悟是直覺所看到的東西，不需經過任何媒介，不必任何暗示。凡是不能用直覺帶入觀念的方式，必依靠概念來示意。他說 "寓言畫總要用形象表現出一個概念，以便引導鑒賞者的精神離開畫出來的直觀表象而轉移到一個完全不同的、抽象的、非直覺的、完全在藝術作品以外的表象上面" [71]。所以寓言式的造型藝術實際上就是象形文字。所以，如果要以形象使這概念可以直覺看到，有時亦可用畫好的形象去表示，像這類型的畫就不是叔本華眼中造型藝術的作品，只能把它看作示意的象形

---

70 Arthur Schopenhauer，Die Welt als Wille und Vorstellung I，Sämtliche Werke，Band I，Suhrkamp，Frankfurt am Main，1986，P. 337.

71 Arthur Schopenhauer，Die Welt als Wille und Vorstellung I，Sämtliche Werke，Band I，Suhrkamp，Frankfurt am Main，1986，P. 333.

文字，是沒有繪畫價值的。叔本華在意志與表象世界第二版第 36 章舉例來証明他寓言畫在繪畫中沒地位。他舉出在羅馬（Rom），佛羅倫斯（Florenz）以及 Stuttgart 附近的 Ludwigsbourg 三個地方的三幅畫來說明寓言畫在繪畫的無地位狀況。其中在羅馬的 Borghese 宮，有一幅米開蘭基羅的畫（Michelangelo [Da] Caravaggio），畫中約 10 歲左右的耶穌，毫無驚恐且很鎮靜的踩在蛇的頭上，他母親也很鎮定的陪在旁邊，旁邊還有依利莎伯聖者（Heilige Elisabeth），在悲慘及莊嚴中兩眼仰望上天。叔本華指出這幅畫的形象我們完全無法理解是否意味著，這小孩要踏碎這條蛇的頭 [72]？這裡突出的是叔本華對寓言畫的概念化，而將這種寓言畫拋出繪畫價值的範圍，他還強調，概念是透過圖像的方法去看它，然後這寓言才被表達出來，或只是被圖畫的圖像確認出來，但這種圖像並非一種造型藝術的作品，只是一些符號，一些象形文字，這種畫完全沒有繪畫要求的影響。這一類的畫，只是一些符號、象徵畫，就是一些圖畫寓言，這類寓言總是

---

72 Arthur Schopenhauer, Die Welt als Wille und Vorstellung Ⅱ, Sämtliche Werke , Band Ⅱ , Suhrkamp , Frankfurt am Main , 1986 , P.542.

在詩意方面，而不能算是繪畫的東西 [73]。所以，在
叔本華的思想中，畫家的責任絕對不是表達一個形
象及概念，而是在於抽離一個符號特徵的同時指出
這符號特徵用什麼與人類意志的概括性相聯結在一
起。

　　叔本華更以繪畫與雕塑的客體所加入兩者的不
一致來說明繪畫，他說 "雕塑是生命意志的肯定，
繪畫則是生命意志的否定" [74]。照叔本華的看法，在
人類形式中一種經常不變的美的表達將是一個千篇
一律單調的事實，在繪畫中是令人難以忍受的，這
結果繪畫是適合去畫出醜陋的面貌以及瘦骨嶙峋的
身體，而雕塑的表達如果是皮包骨消瘦的身體會產
生一種使人厭惡的事實，即使是弗羅倫斯（Florenz）
藝廊的 Donatello 所象徵出來的也不例外 [75]。曾如
康德指出的 "在造型藝術中，我將把優先地位給予
繪畫，部份是由於它作為素描藝術而為其他一切造

73 Arthur Schopenhauer , Die Welt als Wille und Vorstellung I ,
　　Sämtliche Werke , Band I , Suhrkamp , Frankfurt am Main , 1986 ,
　　PP. 338-339.
74 Arthur Schopenhauer, Die Welt als Wille und Vorstellung II ,
　　Sämtliche Werke , Band II , Suhrkamp , Frankfurt am Main ,
　　1986 , P.538.
75 Arthur Schopenhauer, Die Welt als Wille und Vorstellung II ,
　　Sämtliche Werke , Band II , Suhrkamp , Frankfurt am Main ,
　　1986 , P.538.

型藝術奠定了基礎，部份是由於它能比其他造型藝術所被允許的更遠更深入到觀念的領域，與此相應也能更多地擴展直覺的範圍"[76]。總之，不能停留在符號特徵，而要強調過程，由生活中希臘式承諾到現代時髦，這正是叔本華美學中由建築、雕塑、繪畫、詩、悲劇等上層藝術的演進。在這裡，我們進一步看到叔本華的繪畫的延續不是一種觀念的無始無終，而是一種瞬間不連續的特徵，這種短暫的固定性之所以短暫是做爲一種允諾，把這瞬間看成整個瞬間，不是一種連續，不是一種於時間流逝的虛幻模式上的存在，如果說有永恆的現在，也只是透過短暫瞬間的重覆的顯現。叔本華偏好荷蘭派的畫其內在意義正是瞬間本身在其整體暫時及短暫之中，同樣，Raphaël 能擁有繪畫最傑出、最高的地位也是因這瞬間的重覆，這正是繪畫最重要的元素，這元素叔本華稱爲清涼劑（Quietiv）這種清涼劑附在畫上，它可啓示出一種世界本質的知識以及教導我們棄絕，而其所謂停留在某一瞬間，並非停止了生命，反而是生命不停的向前推進。

---

76 Immanuel Kant, Kritik der Urteilskraft, fourier verlag, Wiesbaden, 2003, PP. 783-784.

五、詩　歌

　　詩是一種文學，在文字發展史上，詩稱得上是最古老的藝術之一，它運用對音節、聲調和韻律的掌握，用最美的語言、感情去表達現實的生活和人的精神世界。中國文化中詩佔了很重要的位置，不但有悠久的歷史以及豐富的內涵，五經中的"詩經"就是有文字記載留傳下來最寶貴的文化，可稱為中國第一詩。另外，"楚辭"、"漢樂府"亦為漢文化詩中之珍品，到了唐詩時代更是傳遍整個中國的讀書人。直到現代詩的興起，更展現出中國新文化的一面，無數詩人的作品，增高了中國文化質方面的價值。而西歐的詩，由古希臘的荷馬（Homère）、薩福、平達和古羅馬的一些詩人開啟創作之先河。中世紀晚期以"神曲"確立其經典詩人地位的但丁，後來到了文藝復興和近代的莎士比亞，十九世紀的雨果等等都是大家熟悉的詩人文學家。深入去看這些詩人的作品其內容大致可以把詩區分為兩大類，就是敘事詩和抒情詩，而詩的創作則是詩人主觀意志和客觀存在之間關係的顯現。

　　黑格爾在他的"美學"最後一部份 300 頁的論

詩內文中，開頭就說出了詩的內在性，他說明詩是
話語的藝術，是把造形藝術和音樂這兩個極端，推
向更高的程級上，在精神內在領域本身裡，結合於
它本身所形成的統一整體。一方面，詩透過內在性
建立於內在性的感知原則。另一方面，詩可以用表
象，直覺及內在情感擴大到成為一個客觀世界。所
以，詩的原則一般是精神生活的原則，把精神直接
表現給精神自己看，不需把精神內容表現為肉眼可
見的有形體的東西。另外，詩不僅在更豐富的程度
上能把主體的內在性表達出來，同時間也領悟了最
完整的外在生活的特殊性。詩可以同時是綜合及分
析的，綜合是可集合主體內在性的元素，分析則是
能夠顯示外在世界的特徵 77。而康德則把詩藝看成
是天才的作品，當然也要運用一些格言、箴言及範
例由天才去提升至高上的等級，這種前提下，也必
然是一種內在心靈的活動，依靠把自由放入想像力
中，又在有限性的概念材料及可感受的形式的無限
雜多性中協調一致，這就是一種概念的表象和豐富
思想的結合關聯性，這思想是無法用語言可以完全
很中肯的表達出來的，這種過程康德最後還是把美

---

77 Hegel , Esthétique , Quatrième Volume , Traduction S. Jankévitch ,
　　Flammarion , Paris , 1979 , PP. 8-9.

提升到觀念世界。詩一定是在內心的感覺，感覺到自我的自由，完全不依賴任何自然的規律，而是一種自發性的呈現，詩是意志對某種假象所引起反應的遊戲，但不是以此來欺騙。所以康德說"詩藝中一切都是誠實而正直的。詩肯定是只想和理智法則的形式相一致的幻想式遊戲，而不是透過感性的表達去迷住及控制住理智"[78]。

我們看到在談詩時，黑格爾強調內在性，康德則高舉天才的價值，兩者都有令人信服的說法。但是講詩，就不得不看看拋棄其詩人身份，並確認其哲學家本質的柏拉圖，他在其"共和國"書中第十卷（607b）就提出了他的看法，認為詩和哲學自古以來就有爭吵，還要在他們的國家中把詩驅逐出去。詩與哲學的矛盾，即使是愛詩的柏拉圖也只能靠到哲學的陣營。或許為了貶低詩的地位，要去否定詩在認知水平的屬性及否定詩在認識論上的真的價值。他打出"神性"牌。他指出神靈附身或迷狂的第三種形式，來自詩神繆斯（Muses），繆斯憑她一顆溫柔、貞潔的靈魂，激勵它超越到很高的境界，尤其在抒情詩中，贊頌前人的功績，為後世的教育

---

78 Immanuel Kant , Kritik der Urteilskraft , Fourier Verlag , Wiesbaden , 2003 , P.781.

典範。如果沒有繆斯的迷狂，無論誰去投身詩藝追求使他能成爲一名好詩人的技藝，都是不可能的[79]。他更指出大詩人荷馬憑的不是技藝，而是神的指派。所以，詩藝的創作不是憑技藝，而是要看神功。再說，神爲什麼要像對待占卜家和預言家一樣，剝奪詩人的正常理智，把他們當代言人來用，其原因在於神想使我們這些聽眾明白，把他們在說出這些珍貴啓示時是失去常人理智的，而真正說話的是神，通過詩人，我們能清晰聆聽神的話語，我們完全不認爲柏拉圖打神意牌是貶低詩人的價值，我們倒是可以反過來看，柏拉圖是要詩人們創作詩的時候，要以神爲理想目標，不斷的自我超越，直到忘我，無我的境界才能寫出好作品。柏拉圖曾說 "詩人是輕妙、長翅膀、神聖的東西，只有在靈感激勵下超出自我，擺脫理智，才能創作" [80]。而且還告訴我們什麼是創作，什麼是詩人，他認爲創作這個詞真正的意義是使從前不存在的東西產生，創作的種類不止一種，他強調藝術中的各種不同技藝都有不同的名稱，只有那種和音樂、格律有關的技藝我們

---

79 Platon , Phèdre , Traduction et notes par E. Chambry , Garnier Frères , Paris , 1964 , P.123.
80 Platon , Ion , Traduction et notes par E. Chambry , Garnier-Flammarion , Paris , 1980 , P.416.

才叫它做詩，而從事這們技藝的人就是所謂的詩人
[81]。但是柏拉圖雖強調詩的內涵必須要真，但指出詩
也會在當我們的愛情、憤怒、以及其他情感枯萎死
亡的時候，給它們澆水施肥。還是有滋潤作用。又
肯定荷馬是詩國之王以及第一位悲劇詩人。而且只
有頌神的和贊揚好人的詩才能進入城邦。如果給好
享樂的詩進入城邦，那快樂和痛苦就會取代公認為
最好的理性和法律，成為城邦的統治者。柏拉圖是
站在哲學的立場來評詩，而且哲學與詩的爭吵由來
已久，不過在詩的好教育下，我們已經養成對詩的
熱愛，而且樂於聽到他們能提出有力的理由來証明
詩的善與真，否則我們就要注意，不要受詩的魅力
影響，以免掉入幼稚的狂熱。柏拉圖強調的是我們
一定不能把詩當作一種能把握真理的嚴肅事情來看
待，聽詩的人一定要小心，有警惕，不要讓詩對他
靈魂的構成起不良影響 [82]。這種對詩又愛又怕的心
情正是哲學給詩的限制。

　　當我們看過叔本華幾位前輩對詩的看法後，很
自然的，要對叔本華的詩藝做深入的了解與批評。

---

81 Platon , Le banquet , Traduction , notices et notes par Emile
　Chambry , Garnier-Flammarion , Paris , 1964 , P.66.
82 Platon , La république , Introduction , traduction et notes par
　Robert Baccou , Garnier Frères , Paris , 1966 , PP. 372-373.

我們先看看他是如何看待文藝復興之父，但丁的
"神曲"叔本華做了褒貶，他說到貶處時認爲神曲
所享有的盛名是誇大了，原因主要是神曲的基本概
念極端荒謬。結果在"地獄篇"的開頭，基督教神
話最讓人反感的情況就馬上刺眼地展現在我們眼
前，以及作品風格和隱喻的晦澀難懂也是原因之
一。而說到優點則是神曲中簡潔近於精煉的風格，
表達的力度，最重要則是但丁那無與倫比的想像
力，確實都是值得令人贊美與仰慕的。關於叔本華
對但丁"神曲"的褒貶，我們完全同意叔本華對但
丁所作褒獎的評論，即但丁最重要的就是無比的想
像力，簡潔有力的風格等。但叔本華對但丁的貶評，
我們就全完不能同意，我們只能說這是叔本華個人
的喜愛，他大膽的說出文藝復興眾多詩人中 Petrarca
是他心目中超越所有詩人在排行榜中的第一名。他
對但丁的批評主要是以但丁神曲中甘心成爲上帝的
奴隸，絲毫不顧及榮耀、良心、赤裸裸和不知羞恥
地去贊頌上帝的榮耀。例如地獄篇第一章末尾說到
"哦詩人，看在那位你永遠不知道的上帝分上，我
求求你，從這邪惡的地方和更邪惡中拯救我，引領
我到你提過的地方，這樣我將可看到聖彼得護衛的
大門和你曾告訴過我的那些痛苦的人"。我們不認

同叔本華對但丁的批評，原因是叔本華在他偏見下
只從上帝的單一元素來做出批判，雖然也有說到但
丁的文字矯揉造作、用語貧乏，但只是一些沒有意
義的附加件，主要還是上帝問題。我們肯定說天堂
和地獄，如果沒有神、沒有上帝的引領人類能打開
天堂、地獄之門嗎？何況，叔本華對宗教也是認同
的，他爲了頌贊 Mme. Guyon 也說出"理性的迷信
是可以寬恕的"[83]。我們認爲叔本華是找一個上帝元
素的理由來貶低但丁，以便突顯他心中的偶像
Petrarca。更深一點去看宗教問題，就是但丁沒有用
康德在其最後一本著作"論教育"最後一章論實踐
教育中所講的宗教是必須的，但人類必定要"先道
德後神學"的教育方法，人類才不會成爲神的奴
隸，而但丁一開始就舉起上帝的光環，這是叔本華
認爲但丁甘做上帝奴役的原因。

---

83 叔本華對但丁的批判，參閱：Arthur Schopenhauer, Parerga und
　　Paralipomena II, Sämtliche Werke , Band V , Suhrkamp ,
　　Frankfurt am Main , 1986 , PP.520-523.
　　神曲，地獄篇，參閱：Dante Alighieri , The divine comedy ,
　　Volume I , Inferno , Translated with an introduction , notes , and
　　commentary by Mark Musa , Penguin Books , Middlesex , 1984 ,
　　P.71.
　　關於 Guyon 夫人，參閱：Arthur Schopenhauer , Die Welt als
　　Wille und Vorstellung I , Sämtliche Werke , Band I , Suhrkamp ,
　　Frankfurt am Main , 1986 , P.523.

　　我們知道叔本華的思想主要是以其意志客體化的程度來區分各種層次，談詩當然也少不了這種意志客體化的方法，他指出意志客體性最高級別的觀念，在人的描述中，努力與行為不停的系列中表達出來，這就是詩的最高目的。而叔本華又在其"意志與表象世界"第二版第 37 章"論詩藝之美"一開頭就說，詩是在每個人的想像中，以最符合他個人特性的方法，根據他認知的範圍以及他的心情，依照他生活多多少少所感覺到而引起的 [84]。說確實一點，就是由人的思想顯示詩範圍的特徵：人表達在概念的樣態上。由天地萬物啟示人原來固有的感覺。那詩的領域的廣大範圍在哪裡："由於詩用材料的普遍性來表達觀念，亦即概念的普遍性，詩的領域就可延伸到廣闊的範圍。整個自然界，所有級別的觀念都可由詩來表達，詩按那表達的觀念有什麼要求，時而以描寫的方法，時而以敘述的方法，時而又以純粹以戲劇表演來處理" [85]。但是，這廣闊

84 Arthur Schopenhauer，Die Welt als Wille und Vorstellung I，Sämtliche Werke，Band I，Suhrkamp，Frankfurt am Main，1986，P. 342.
　　Arthur Schopenhauer, Die Welt als Wille und Vorstellung II，Sämtliche Werke，Band II，Suhrkamp，Frankfurt am Main，1986，P.544.
85 Arthur Schopenhauer，Die Welt als Wille und Vorstellung I，

的範圍，它自己並不據有這些概念的普遍性，而是
整個概念表象能自己提供一種詩的表達的普遍事
實。這已是康德詩的材料的學說：他說"詩藝（它
把它的來源幾乎完全歸功於天才，而且最少要借助
於規範或榜樣來引導）保持最高的等級。它擴展內
心是通過它把想像力放入自由中，並在一個給概念
的限制之內，在可能與此協調一致的那些形式的無
限多樣性之間，呈現出一個把這概念的體現與某種
觀念的豐富性聯結起來的形式，這概念的豐富性是
沒有任何語言表達與完全適合的，這形式於是就把
自己通過審美提升到觀念"，又說"詩藝中一切都
是誠實而正直地進行的，它肯定表示只是想促進想
像力來娛樂的遊戲，也就是想像力按照形式與理智
法則相一致的遊戲，而不是要用感性的表演來偷換
和纏住理智" [86]。由康德對詩藝的說明看到叔本華對
詩的看法，就是詩是由概念超越到觀念才能看到詩
的韻味美的思想來源是來自康德。詩藝變爲以字詞
的方法掩蓋概念，而詩藝的基本問題就是一種介於
想像力與理智之間的關係，用叔本華的眼界來說，

Sämtliche Werke , Band I , Suhrkamp , Frankfurt am Main , 1986 ,
P. 341.

[86] Immanuel Kant , Kritik der Urteilskraft , fourier verlag ,
Wiesbaden , 2003 , PP. 780-781.

詩藝就是介於概念的表達與觀念直覺之間的事情。

在"意志與表象世界"第一版§51，叔本華一開始就用字、詞帶讀者走入詩的境界，他以為由造型藝術進入詩藝，毫無疑問其中心宗旨還是在於揭示觀念，也就是意志客體化的各個級別，透過這意志客體化的等級在詩人和讀者之間傳送一些以觀念為元素的明確性與生動性。觀念是直覺的本質，在詩藝中，直接用文字去傳達的只是一些抽象的概念，所以，詩除了最根本的文字以外，必然要使讀者在概念的表象中直覺地看到生活的觀念，這種直覺的感應只有借助於讀者自己的想像力才能實現。所以，叔本華把詩藝定義為"用文字方法，放入想像力遊戲的藝術"[87]。在藝術史中主張用想像力來支持藝術的大有人在，當然也有反對用想像力的藝術家及哲人。古典主義和新古典主義的理論幾乎不鼓勵想像力的自由運用，但法國大詩人 Nicolas Boileau（1636-1711）就曾經在給他朋友的信中寫過經典名句：沒有什麼比真更美，唯有真是令人愛慕的。但是在談詩的時候，例如在他的名著"詩的藝術"一書中充滿著想像力的色彩，在該書第三章中他說

---

87 Arthur Schopenhauer，Parerga und Paralipomena II，Sämtliche Werke，Band V，Suhrkamp，Frankfurt am Main，1986，P. 497.

"真有時可以不是像真實的"。Cassirer 就指出
Boileau 本人，由心理學觀點來看，並沒有否定想像
力的天賦是所有真正詩人不可少的。但詩人沉醉於
這自然的動力，這本能的能力的簡單運用，永遠不
能達到完美。詩人的想像力必須被理性及其規則引
導及控制 [88]。而大詩人莎士比亞在其 "仲夏夜之
夢" [第五幕,第一場]中對想像力有過非常卓越的描
述，他說 "瘋子、情人和詩人都是因想像力而產生，
瘋子所見的鬼要多過地獄所能容納的。情人，同樣
是那麼瘋狂，能從埃及人的容貌看見[希臘神話的美
女]愛倫（Helen）的美麗。詩人的眼神，在美的狂
熱一轉中，能從天上帶到地下，從地下帶到天上。
想像力把不知名的事物用一個形體呈現出來，詩人
的筆再使它們具有如實的形象，大氣中的虛無也會
有了居所及名字" [89]。莎士比亞真是了不起的大詩
人，看過一些詩人對想像力的看法我們則認同叔本
華認為詩人的想像力是必不可少的觀點。

　　一般對詩來說，藝術的材料就是概念，是詩唯
一且必不可少的材料。就像要做出一道佳餚，除了

---

88 Ernst Cassirer，Essai sur l'homme，Les Éditions de Minuit，
　　Paris，1975，P.216.
89 Shakespeare，The Complete Works，Second Edition，Houghton
　　Mifflin company，Boston / New York，1997，P.276.

做菜的材料外，必然有些調味品才能成其美味，詩
的藝術也是一樣，是一種組合的藝術，叔本華用化
學家來和藝術相比較，他認爲詩人就如同化學家，
化學家由單一元素開始，由組合而增添豐富色彩，
終可獲得固體沉澱物。而詩人則以文字爲元素，透
過概念，再以組合的方式使具體的東西、個體的東
西、直覺的表象，在概念的抽象化中沉澱出觀念來。
叔本華說"詩人在詩藝中的本領，就如化學家在化
學上的成就一樣，都能使人每次恰好獲得他所盼望
的沉澱"[90]。而柏格森也有類似的看法，他把詩人形
容爲"能把情感發展爲影像，又再把影像本身發展
爲字句，再遵照節奏的規律，由字句把影像演釋出
來的人"[91]。這就是把概念處於關係狀態和觀念重疊
產生一種對詩藝有利的影像，而非描述概念本身，
叔本華說"應該把抽像概念做爲構成詩詞以及枯燥
的散文的直接材料，並使各種概念互相交錯過濾，
以致沒有一個概念還能留在它抽象性與普遍一般性
中，而是一種直覺的影像代替了概念出現在想像之
中，然後，詩人繼續一再用文字按他自己的意圖來

---

90 Arthur Schopenhauer , Die Welt als Wille und Vorstellung I , Sämtliche Werke , Band I , Suhrkamp , Frankfurt am Main , 1986 , P. 340.
91 Henri Bergson , Essai sur les données immédiates de la conscience , 155e Édition P.U.F. Paris , 1982 , P.11.

規劃這個影像"[92]。這就是叔本華式有名的概念與詩的觀念間的關係。他依靠概念在荷馬式的修飾語上，這一成不變的修飾語帶入到自願的結合了形容的以及實體的概念的疊合中。他引用 Ilias 8, 485f. 這首詩來說明幾乎是同語反覆的概念，例如光輝的陽光（Helios Glänzende）以及黑暗的夜晚（Dunkle Nacht）[93]。

　　和一般詩人一樣，叔本華也強調詩的節奏與韻律，並強調是詩的重要輔助工具[94]。他說不知道如何解釋這種節奏與韻律的神奇效果，他認爲主要是由於內心對每一規律重現的聲音的共鳴。但是到了"意志與表象世界"第二版出版時他在論"詩藝之美"一文中就有了深入的哲學回應，他認爲"簡單的節奏只存在於時間中，是一種先驗的純粹直覺，

---

92 Arthur Schopenhauer , Die Welt als Wille und Vorstellung I , Sämtliche Werke , Band I , Suhrkamp , Frankfurt am Main , 1986 , P. 340.

93 Arthur Schopenhauer , Die Welt als Wille und Vorstellung I , Sämtliche Werke , Band I , Suhrkamp , Frankfurt am Main , 1986 , P. 341.
關於〈Iliasl〉8 , 485f. 這首詩叔本華用希臘文、拉丁文，以及德文引用在意志與表象世界第一版§51 中，本註我們引用他的德文文本做爲參考。
[In den Ozean sank des Helios glänzende Leuchte , Ziehend die dunkle Nacht auf die nahrungsprossende Erde.]

94 Arthur Schopenhauer , Die Welt als Wille und Vorstellung I , Sämtliche Werke , Band I , Suhrkamp , Frankfurt am Main , 1986 , P. 341.

照康德的說法，只屬於純粹的感覺，韻律就相反，是屬於經驗感覺，關於聽覺器官感覺的事情"[95]，就如 Cassirer 所形容的，所有偉大的詩篇，如莎士比亞的劇作，但丁的喜劇、歌德的浮士德，實際上都帶我們穿越所有人類感情的變化。如果我們不能抓住感情上最敏銳精緻的細微差別，不能跟隨節律和聲調連續的變化，如果我們對有活力的及意外的變化無動於衷，我們就不能懂得及領會詩，還說到詩是我們個人生活的啓示，抒情詩人，小說家，劇作家帶來無限潛在力量的曙光，我們只有一個浪潮及模糊的預感 [96]。所以詩是離不開感覺上感情的變化，所以雖然韻味是經驗感覺範圍，但它確起了詩藝很大的作用，因爲一種巧妙的韻律，感恩於某些不確定的表達力，喚醒思想已預定在詩中以及在語言中預先形成的感情，由詩人把它提練出來。而觀念又很平常的接收了節奏和韻律，這種重要的色彩，再出現在這調節中，就像青春少女的面貌被他的打扮緊緊束縛住一樣 [97]。我們看到節奏和韻律就

95 Arthur Schopenhauer，Die Welt als Wille und Vorstellung Ⅱ，Sämtliche Werke，Band Ⅱ，Suhrkamp，Frankfurt am Main，1986，PP. 548-549.

96 Ernst Cassirer，Essai sur l'homme，Les Éditions de Minuit，Paris，1975，P.213 及 P.238.

97 Arthur Schopenhauer, Die Welt als Wille und Vorstellung Ⅱ，

是詩藝的美化元素。我們則指出，這種詩藝與節奏及韻律的關係，正是源自柏拉圖模糊回憶的精神。

　　叔本華又以經驗爲主軸把詩做了區分，他認爲個人自己的經驗是理解詩和歷史不可少的條件，它之重要性，正因爲經驗就象是詩和歷史這兩者的語言相同可以共同使用的一本字典一樣，不過歷史之於詩就好比肖像畫之於故事畫，前者給我們個別特殊中的真，後者提供一般普遍中的真 [98]。由經驗出發可造成歷史與詩之不同，這就是叔本華在浩翰的詩藝領域中把詩主要地區分爲抒情詩與史詩兩大類，抒情詩意味著個別意志的表達，而史詩則是整個自然及普遍人類意志的表現。抒情詩人是寫詩的人同時亦是被描寫的人，這裡，詩人只是生動地觀察、描寫他自己的情況。這種詩，由於寫詩的人就是被寫詩的人，所以這種詩有活潑生動的直覺，而且少不了必然的主觀性。德國藝術史學家 Ernst Grosse （1862-1927）就在其名著 "藝術的起源" 一書中對抒情詩有很自然自我感情的演繹，他指出，沒有一件東西對於人類有像他自身的感情那麼密

Sämtliche Werke，Band Ⅱ，Suhrkamp，Frankfurt am Main，1986，P.550.
98 Arthur Schopenhauer，Die Welt als Wille und Vorstellung I，Sämtliche Werke，Band I，Suhrkamp，Frankfurt am Main，1986，P. 342.

切，所以抒情詩是詩的最自然的形式。沒有一種表現方式對於人類有象語言的表現那麼直接，所以抒情詩是藝術中最自然的形式。要將感情的言辭表現轉成抒情詩，只須採用一種審美的有效形式：如節奏反複等 [99]。關於主觀性的抒情詩，筆者曾在討論文學與哲學時提出過尼采在這方面是最出色的哲學家，他超越蘇格拉底前期的思想家，更是由他恢復哲學格言及詩的風格的地位。尼采的「查拉圖拉斯特拉如是說」（Ainsi parlait Zarathoustra）可被看作是哲學詩，但古哲學詩則是以史詩的格律來寫作，是客觀表達的詩，例如：「巴美尼德」的詩，雖是思想的表達，但尚未進入到哲學內涵的清晰形式。而「查拉圖拉斯特拉如是說」則是主觀表達的抒情詩，是抒情的沉思和含有哲學思想的宗教預言。是尼采把詩、文學、哲學融在一起 [100]。

　　由於抒情詩是發自主體而令客觀現象界有所回應的詩藝，因此，在思辯及理性的條件下抒情詩的表達是困難的。於是叔本華很精確的推出了他歌謠的本質，他指出充滿咏歌者的意識是他原來欲望意

---

99 [德] 格羅塞 著 ，藝術的起源 ，蔡慕暉 譯 ，商務印書館 ，北京 ，2005. P.176.
100 莫詒謀 ，德里達（Derrida）與柏拉圖（Platon）的文字遊戲 ，香港 ，新亞學報 ，第 25 卷 ，2007，P.182.

志的的主體，往往像一種安祥及自由的欲求（喜悅），但更加像受束縛的欲求（悲傷），但總像感情、痛苦及激情的狀態。但是在這狀態之外，同時間，咏歌者由於看到周圍的自然事物就意識到自己是一個無意志的純粹認識的主體。於是這個主體不可動搖的無限愉快的安寧和被限制著的及渴望的欲求就成了明顯的對比。這對比的感覺以及這些反應，才真正是整篇歌謠所表示的東西，也正是構成抒情狀態的東西。在這狀態中，像是純粹認識向我們走來，要把我們從欲求及其心煩意亂的迫切性中解脫出來，我們完全信賴純粹認識，但只是片刻，我們對個人種種目的的記憶，使意志又重新奪走我們寧靜的沉思，然而，我們所看到的下一個美的情景，將使我們在這情景中又自然而然的恢復了無意志的純粹認識，並把整個欲求解脫了，這就是爲什麼意志（對個人目的的興趣）及對自然狀態的純粹沉思支配在歌謠和抒情狀態中，並互相混合，人們尋找及想像這兩種元素的關係。主觀的心境，意志的激動，把自己的色彩傳達到沉思的自然上，後者對前者亦復如此。真正的歌謠就是表達這種混合及分割的心

靈狀態 [101]。

　　關於前面叔本華對抒情詩的描述，尼采則完全
不以爲然，他認爲照叔本華的描述，給人誤解，以
爲抒情詩像是一種從未完全表現出來的藝術，跳躍
於偶然間，很少能達到它的目的，它更像不完全的
藝術由一個古怪的純沉思與意志的混合物所組成，
亦即，一種審美和非審美狀態的混合物。而且主觀
和客觀的區別，叔本華還把這區分作爲區別藝術的
尺度，但在美學上是完全沒有價值的，因爲主體是
個人意志，追求的是他自利的目的，只能被看作藝
術的敵人，絕對不能看作藝術的啓蒙者。但就主體
是一個藝術家而言，他早就已經擺脫了個人意志的
束縛，而變成一個使真正主體慶幸其在假像中獲得
補償的媒介 [102]。關於尼采在這裡批判叔本華說他這
種主、客體來區分藝術是和審美完全無關的。我們
的看法是認同叔本華的觀點，並且反對尼采在這裡
的分析，以我們的認知，藝術本身必定是現象界的
產物，如果只講藝術是不夠的，是死的東西，一講

101　Arthur Schopenhauer , Die Welt als Wille und Vorstellung I ,
　　　Sämtliche Werke , Band I , Suhrkamp , Frankfurt am Main ,
　　　1986 , PP. 349-350.
102　Nietzsche , La naissance de la tragédie , Traduit de l'allemand
　　　par Geneviève Bianquis , Gallimard , Paris , 1949 , PP. 45-46.

到藝術必定和鑑賞分不開的。而且藝術本來就是反自然的，雖說美的喜悅是一種非自利的愉悅，但整個愉悅意味著某一自利的滿足。任何一種美都是一種判斷，判斷必然是屬於客體、普遍及悟性的，但是感性美感的提升，絕對已經進入到個別的和主觀的範圍。尼采在這裡對叔本華的批判，如果不是落入了康德在判斷力批判§56，所提出的鑑賞的二律背反中鑑賞原則是否建立在概念之上的話，就是在同書§57 中所說不是在同一個意義上來理解 [103]。我們更要指出尼采所說的藝術家早就擺脫個人意志，這個擺脫個人意志也正是叔本華的基本哲學，但是在叔本華的藝術範圍內是無法完全擺脫的，所以就因擺脫意志的程度來區分藝術的等級，他認為只有音樂才能不受意志的影響，而音樂在叔本華的思想中已經超越了藝術。

另一種是抒情詩以外的詩，如田園詩、小說、史詩、戲劇等都是最客觀性的敘事詩，亞里士多德強調寫史詩一定要在客觀的立場，他認為荷馬是值得稱讚的，理由有很多，特別因為在史詩詩人中只有他知道一個史詩詩人應當怎樣寫作。史詩詩人應

---

103 Immanuel Kant , Kritik der Urteilskraft . Fourier Verlag , Wiesbaden , 2003 , P.790-791.

盡量少用自己的身份說話，否則就不是模仿者 [104]。
而 Ernst Grosse 認爲敘事詩是用審美的觀點爲著審
美目的的一種事實的陳述。詩的敘述並不是絕對需
要用韻律的形式來表現。一件用絕對正確的韻律，
和毫無瑕疵的韻腳所敘述的事實，不一定是合於詩
的，另一種用沒有拘束和樸素的散文所敘述的故
事，也許是合於詩的 [105]。這種詩體，寫的人或多或
少都隱藏在被寫出的東西之後，最後甚至完全看不
見。其實，詩人只要抓住一瞬間的心境而以歌詞體
現這心境就是這種詩的全部任務。詩人究竟也是一
般人，一切，凡是激動過人心，凡是人性在任何一
種情況中發泄出來的東西，凡是留在人心中某處的
東西，在那裡孕育著的東西，都是詩人的主題和材
料。大自然也是詩人的題材。因此任何人也不能規
定詩人，不能說這，不能說那，或應該是這是那，
更不能責備他是這而不是那。他是人類的一面鏡
子，使人類意識到自己的充滿與活力。叔本華特別
指出寫詩要用自己的語言、文字，作詩太多的外文
字是不好的，用一些裝腔作勢爲了作詩的字詞是沒

104　Aristote , Poétique , Traduction du grec par Odette Bellevenue et
　　　Séverine Auffret , Éditions Mille et une nuits , 1997 , P.58
105　[德] 格羅塞 著 ，藝術的起源 ，蔡慕暉 譯 ，商務印書館 ，
　　　北京 , 2005. PP. 189-190.

有任何意義的，對我們來說是非常冷漠而無法進入心靈。所以作詩宜用適當的字詞，要用感覺本身而不是感覺的影子[106]。這樣才能真正意識到心靈的動力，詩藝的價值。

　　雖然叔本華把詩區分爲主觀和客觀的，但是兩者的目的都是相同的，就是要顯示人的觀念。主觀的抒情詩當然是詩自我境界的提升，而客觀的如小說、史詩、戲劇等也是要由客觀的認識，深刻地寫出有意義的人物性格以及想出一些有意義的情況，使這些人物得到發展。叔本華提醒我們，人的一生中，有兩種主體，通俗來說就是腦與心，總是愈離愈遠，人們總是愈來愈將他的主觀感覺和他的客觀認識分開[107]。我們認爲詩的美必定是由現象界的客體啓發詩人的主體意識的感情，之後才能顯示其陶醉美，在這裡我們也提出柏格森（Bergson）的直覺思想，就是柏格森並不否定經驗世界的物質，但是，

106 Arthur Schopenhauer，Die Welt als Wille und Vorstellung I，Sämtliche Werke，Band I，Suhrkamp，Frankfurt am Main，1986，PP 347-349.
　　Arthur Schopenhauer，Die Welt als Wille und Vorstellung II，Sämtliche Werke，Band II，Suhrkamp，Frankfurt am Main，1986，PP.552-553.
107 Arthur Schopenhauer，Die Welt als Wille und Vorstellung I，Sämtliche Werke，Band I，Suhrkamp，Frankfurt am Main，1986，P. 350.

一但物質和直覺相遇，則物質就消失在直覺中。我
們認為這裡很好的來形容叔本華所講的 “有意義而
落實的情境” [108]。如果我們看叔本華把人由幼童到
老年人對詩詞的定性或許對叔本華的詩藝就更了
解，他認為，幼童是自己和環境一體，少年人適合
抒情詩，成年人可寫戲劇，老年人寫史詩而且最適
合講故事，說到這裡我們要再確實指出，叔本華的
詩藝還是依循他的哲學思想，除了一個目的，就是
對觀念的表達外，詩藝的內涵則完全在於詩人意志
客體化過程中的不同等級。總之，在藝術的領域裡，
叔本華把詩的地位放在幾乎是和悲劇等同的最高的
地位，正因其意志拋棄的程度所致。所以，尼采也
很明白的為他偶像的詩藝做出很好的注解，他說
“沒有詩韻，我們是一無所有，有了詩韻則變成了
神靈” ，又說 “如果我們容許承認功利主義是一種
最高的神聖，那詩藝從何而來，……一個優美又有
野性的 “無理性” 是反對你們這些功利主義信徒們

---

108 Arthur Schopenhauer , Die Welt als Wille und Vorstellung I ,
　　 Sämtliche Werke , Band I , Suhrkamp , Frankfurt am Main ,
　　 1986 , P. 351.
　　 叔本華原文是（bedeutsame Situationen heiβen）他指出詩人不
　　 只是把自然現象界有意義的特性真實而逼真的展現給我們，而
　　 且是為了我們能了解這些特性，把現象界的事物放在特定的情
　　 況之中，使其特性在這情況中充分發揮，把鮮明的影像表現出
　　 來。我們也可用 “神來之筆” 來形容，叔本華這一境界。

的。去除功利的意圖它可以提升人類，爲人類啓示出道德與藝術的觀念"[109]。這正是叔本華詩藝最好的詮釋。

六、悲　劇

除了現實人生有悲劇外，相信悲劇是文藝戲劇中最常看到的題材。戲劇的悲劇可追溯到古希臘的戲劇，悲劇是古希臘文藝戲劇的高峰，而古希臘悲劇更是人類文藝史中的黃金時代，悲劇主要是喜劇的反面，並把高等級的悲劇主角搬上舞台以及經常以主角的死做爲了結，其目的是爲了換起恐懼及憐憫，從悲劇史來看，古希臘悲劇是整個西方劇作藝術的起源，希臘文學中的三大悲劇的詩人 Euripide，Sophocle，Eschyle，創作了不少著名的古希臘悲劇。而古典主義的法國劇作家及其作品，如 Jean Racine 的 Bérénice 及 Pierre Corneille 的 Le Cid，雖然 Bérénice 開創了悲劇無人死亡的先河而受到批評，但兩者都是經典級的悲劇作家。在文藝復興時代所留傳下來的瑰寶當然就是莎士比亞的作品，其中的 "安東尼與克利奧脫拉"（Antony and

---

109 Nietzsche, Le gai savoir, Traduit de l'allemand par Alexandre Vialatte, Gallimard, Paris, 1950, P.123 及 P.120.

Cleopatra），哈姆雷特（Hamlet），李爾王（King Lear），奧賽羅（Othello），馬克白（Macbeth）等可稱爲莎士比亞的五大悲劇。而莎翁最普遍爲人熟悉的名劇"羅密歐與朱麗葉"則爲一般人誤以爲悲劇的非悲劇。到 19 世紀以後，挪威劇作家易卜生（Henrik Ibsen）的玩偶之家（A Doll's House 1879），則以生活現實來探討社會問題，是當代及現代一部標準的悲劇作品，由人類悲劇作品來觀察，悲劇的導火線已由人神之間的矛盾進化到現代的人與人之間的衝突。東方的文明古國—中國，在文學史上亦不乏悲劇作品，可以和世界悲劇經典平起平坐的作品，如"竇娥冤"、"趙氏孤兒"及"梁山伯與祝英台"等，而悲劇的發展直到 20 世紀 60 年代由祖藉奧地利在巴黎出生，走遍法、英、美，文學、教育界的比較文學世界級的作家 George Steiner，於 1961 年出版的"悲劇之死"（The Death of Tragedy），他在該書的宣告中，肯定了理性主義改變了人以浪漫主義取代悲劇的概念。

我們以爲無論由生活上亦或是文學創作上，悲劇任由你改變其名稱，我們總認定悲劇是離不開人的。就好像我們經典級的悲劇哲學大師叔本華，他在談悲劇時一開始就借助西班牙劇作詩人 Pedro

Calderón de la Barca （1600-1681）的名著 "生活是
一場夢" （Das Leben ein Traum I, 2）中所說的 "人
的最大罪惡，就是他誕生了" [110]。叔本華這裡意識
到的是一種行為過程，人來到這個世界無論這人是
好人或壞人都是一樣。亞里士多德在其 "詩" 一書
中這樣介紹過悲劇，他說 "悲劇本質上是一種模
仿，但不是人的模仿，而是悲慘與快樂以及生活與
行為的模仿，所有人的快樂或悲慘都取決其行為的
形式，我們的生活是某些種類的活動，不是一種品
質。而個性是給我們品質，但它是在我們行為中，
例如我們做些什麼，因而我們高興或不高興。照其
行動他們不會用行為去命令描述個性，他們所包含
的個性是行為的目的" [111]。所以一般看來，悲劇是
不可能沒有行為，但悲劇可以是沒有個性的，由這
誕生行為看到叔本華所引述 Calderón 這句話已可隱
約的看到叔本華式悲劇的特性是一種隨生命而來的
一種罪，悲劇使我們意識到一種祖先的罪，一種原
始的污積。所以，叔本華並不把悲劇的感覺認為是

---

110 Arthur Schopenhauer , Die Welt als Wille und Vorstellung I ,
Sämtliche Werke , Band I , Suhrkamp , Frankfurt am Main ,
1986 , P.355.

111 Aristote , Poétique , Traduction du grec par Odette Bellevenue et
Séverine Auffret , Éditions Mille et une nuits , 1997 , P.18

一種美，而是一種崇高，他說“我們由悲劇得到的
不是美的感覺，而是崇高，由悲劇得到的愉悅是最
高的等級”[112]。他除了把悲劇定為罪，而且只能由
崇高來得到愉悅外，他更指出要寫悲劇主要的主題
本質上是要寫出一種巨大不幸的東西，而且把詩人
用以引出不幸的許多不同途徑中可以歸類為三種類
型的概念：第一類不幸的原因可以是某劇中人極可
怕的惡毒，這個極可怕惡毒的人就是悲劇的原創
人，這一類的例子，如理察三世（Richard III），奧
賽羅(Othello)的雅葛(Jago)，威尼斯商人(Kaufmann
von Venedig）中的希洛克（Shylock），佛朗茲‧穆
爾（Franz Moor），歐立彼德斯（Euripides）的費德
雷(Phaidra)，安蒂貢(Antigone)中的克內翁(Kreon)
等等，都是這一類的悲劇肇禍人。第二類不幸的原
因是盲目的命運，亦即是偶然和錯誤。屬於這一類
的例子如索佛克利斯（Sophokles）的歐帝普斯王
（König Oidipus）是一個真正的典型，或是特拉辛
的婦女（Trachinierinnen）大部份古典悲劇就屬這一
類，而近代悲劇中則有羅密歐與朱莉葉（Romeo und

---

112 Arthur Schopenhauer , Die Welt als Wille und Vorstellung II ,
　　Sämtliche Werke , Band II , Suhrkamp , Frankfurt am Main ,
　　1986 , P.556.

Juliet），伏爾泰（Voltaire）的但克利德（Tancrède），
梅辛納（Messina）的新娘（Die Braut）。第三類也
是最後一種不幸，僅僅是由劇中人彼此地位不同，
由於他們的關係造成 [113]。叔本華的悲劇在這三種類
型中他特別指出第三種類型最貼近人，因爲這類的
悲劇既不是一種致命的錯誤，也不是一種異常的巧
合，更不是因人邪惡的困境而生，而是人性的自發，
由人的行爲和性格中產生出來的，幾乎是人的本質
上自然要產生的東西。

　　我們看到叔本華式悲劇是與生俱來的，是每個
人都存在於自我的，人生來完全是爲了贖罪，所以
他指出悲劇真正的意義是贖罪，但在悲劇主角所贖
的不是他個人特有的罪，而是原罪，也就是生存本
身之罪 [114]。其實，叔本華的悲劇看來是由於人的出
生，實際上則是因爲人的死亡，他曾說“擺在我們
面前不可爭辯的事實就是：在自然意識的見証下，
人畏懼自己的死亡更甚於其他一切”。又說“對死
亡的恐懼和認知是完全無關的，因爲動物也恐懼死

---

113 Arthur Schopenhauer，Die Welt als Wille und Vorstellung I，
　　Sämtliche Werke，Band I，Suhrkamp，Frankfurt am Main，
　　1986，P. 355.
114 Arthur Schopenhauer，Die Welt als Wille und Vorstellung I，
　　Sämtliche Werke，Band I，Suhrkamp，Frankfurt am Main，
　　1986，P. 354.

亡，雖然動物並不認識死亡，所有生物一旦誕生到
這世界上就已具備對死亡的恐懼，這種對死亡的先
驗恐懼正是生命意志的另一面，而我們及所有生物
都是這一生命存在"[115]。悲劇與生、死、先驗、自
存、罪等等叔本華用來爲悲劇化妝的元素能更使人
明白這些元素如何發揮關鍵性作用，他提出了悲劇
表達了什麼？的問題，他回應這問題時說到"悲劇
指出生命恐懼的一面，這些難以形容的痛苦、悲傷、
邪惡佔了上風，嘲笑著人偶然性的力量，正直、無
辜的人不可挽救的失敗，這其中我們發現有個重要
暗示，就是暗示著宇宙和存在的本來性質。這種鬥
爭在意志的客體性的最高級別上發展到頂點的時
候，是以可怕的姿態出現的"[116]。另外叔本華還特
別強調悲劇是由於"錯誤與偶然"[117]所起。悲劇的

---

115 Arthur Schopenhauer, Die Welt als Wille und Vorstellung Ⅱ,
  Sämtliche Werke, Band Ⅱ, Suhrkamp, Frankfurt am Main,
  1986, PP. 592-593.
116 Arthur Schopenhauer, Die Welt als Wille und Vorstellung Ⅰ,
  Sämtliche Werke, Band Ⅰ, Suhrkamp, Frankfurt am Main,
  1986, P.353.
117 本華強調錯誤和偶然是世界的統治者，在"意志與表象世界"
  第一版和第二版都有重複的提及。
  參閱：Arthur Schopenhauer, Die Welt als Wille und Vorstellung
  Ⅰ, Sämtliche Werke, Band Ⅰ, Suhrkamp, Frankfurt am Main,
  1986, P. 353
  Arthur Schopenhauer, Die Welt als Wille und Vorstellung Ⅱ,
  Sämtliche Werke, Band Ⅱ, Suhrkamp, Frankfurt am Main,

美在於人的不幸就好像是依附在人類存在的必然
性，在這必然性下，人們不須經過特別不幸的遭遇
的結果，而悲劇會自然產生，因此悲劇就像某些罪
過的合理贖罪。

　　叔本華的悲劇可以說和他的意志哲學一脈相
承，他對意志的拋棄，也就是放棄人世間的一切的
思想，同其他藝術類別一樣，成爲悲劇藝術的動力。
他說“古代的悲劇主角屈服於頑強而不可避免的命
運的打擊，而基督教的悲劇提供我們生命意志的整
個拋棄的景象，放棄世上的喜悅，在他的虛無及虛
榮心的意識中” [118]。又說“這樣一來，以前那麼強
而有力的動機（Motive）就失去了它的威力，代之
而起的是對世界有完美的認識，積極地成爲意志的
鎭定劑（Quietiv），從而帶到屈從、拋棄以及生命意
志的放棄” [119]。事實上，我們在悲劇中看到的所有
主角都必然經歷過漫長的鬥爭，無限的痛苦，最後
也必定永遠放棄了他們以前曾經擁有的強力動機，

1986 , P.556.及 P.558.
118 Arthur Schopenhauer , Die Welt als Wille und Vorstellung Ⅱ ,
Sämtliche Werke , Band Ⅱ , Suhrkamp , Frankfurt am Main ,
1986 , P.557.
119 Arthur Schopenhauer , Die Welt als Wille und Vorstellung Ⅰ ,
Sämtliche Werke , Band Ⅰ , Suhrkamp , Frankfurt am Main ,
1986 , P. 354.

以及熱烈追求的目的，永遠放棄人生一切的享樂，到最關鍵時刻，甚至是心甘情願的放棄生命中的一切。由這種悲劇藝術啓發出來的反應現象是一些生命中最壞的形容詞，什麼沉倫，什麼墮落等等，正由於這些生命中最不好的東西，在人類意志中嚴肅地去看待所有反對意志的鬥爭，就悲劇來說，意志肯定是輸家。這裡所顯示出來的悲劇必定和人類意志、啓示以及生命的失敗捆綁在一起。叔本華的悲劇重點在這裡，他悲劇的精華也正在這裡，當人生的沉倫、墮落到了極點時，反而，正是保証了美學愉悅最活潑、最有衝力的一面，我們常說絕處逢生或山窮水盡疑無路，柳暗花明又一春，這時正是叔本華悲劇最好的寫照，而中國的老子在道德經第 36 章所講 "將欲歙之，必固張之，將欲弱之，必固強之，將欲廢之，必固興之，將欲奪之，必固與之"。老子這種思想對我們人生和叔本華思想有異曲同工之妙。也正是叔本華悲劇成為救世主的意義，因為意志充份地絕望可帶領人生意志轉向他最原始的利益上。這時意志可以自主決定和藝術的協調一致。這將可使喜悅的本質聯結到悲劇上。因為悲劇的精神本質是類似屈從的性格，"悲劇對崇高的特殊衝力，在世界中這觀念給我們的啓示是生命沒有能力

爲我們帶來任何真正的滿足，而不值得我們眷戀，
所以悲劇精神的本質是一條屈從的大道"[120]。這啓
示的過程對悲劇的愉悅可以看成悲劇同時是失敗的
啓示，在失敗的另一面使人有了因這失敗而有某種
重生的可能，在此亦看到命運和意志的欲望要求是
聯結在一起的，更深一層來分析，命運幾乎是比本
質更微不足道而且是完全不可思考的東西。

　　叔本華這種悲劇就是尼采所講的"在古時的悲
劇中，人們在最後可以感到形而上的安慰，沒有這
種形而上的安慰，我們就無法在悲劇中得到快感"
[121]。以及尼采所講的"人們試圖用塵世的說法來解
釋悲劇的不調和，在充分遭受命運的打擊以後，劇
中的主角最後獲得美滿的婚姻和非常光榮而得到補
償。這樣，他好像是一個古羅馬公開表演的決鬥者，
也許當他決鬥而滿佈傷痕以後可以獲得自由"[122]。
但是叔本華悲劇中，因失敗而重生的想法，這個重
生則是非常強烈的回應，因爲在這過程中命運的價

---

120 Arthur Schopenhauer, Die Welt als Wille und Vorstellung Ⅱ,
　　Sämtliche Werke, Band Ⅱ, Suhrkamp, Frankfurt am Main,
　　1986, PP. 556-557.
121 Nietzsche, La naissance de la tragédie, Traduit de l'allemand
　　par Geneviève Bianquis, Gallimard, Paris, 1949, P.118.
122 Nietzsche, La naissance de la tragédie, Traduit de l'allemand
　　par Geneviève Bianquis, Gallimard, Paris, 1949, P.119.

值，由本質到悲劇愉悅的想法是必須覺察到拋棄的
可能，並非先驗的，因爲人可以以自殺來拒絕他的
命運，但是意志則無法放棄。無論悲劇的高、低潮，
最後，是他使人安心的特性給了悲劇在觀眾心中引
出愉悅感覺的價值。這種安心的特性，如果更精確
地說，就算對意志來說是一種完全失敗，人本質上
完全沒有失敗，因爲這種超越的本質包含著和他原
本意志保持一定距離的可能。這種意志的墮落，就
悲劇來看是必然以否定的態度來回應。叔本華說
“我們看到的他還是有其他元素在我們身上，我們
絕對無法有一種肯定的認知，而只有否定，就是他
不願意再活下去”[123]。說到這裡我們要指出叔本華
在論述抒情詩時說到戲劇的目的就是要爲我們在實
例中顯示出人的存在與本質。由這二元素可看到悲
與喜，或一種情況轉化到另一情況。本質與存在這
二元素之外，可有“其他元素”一般我們叫做紅色
的東西，在我們眼中也可能看成是綠色。所以每個
悲劇都是另外一種存在，在不同的世界裡我們永不
可能得到某種間接的認知，各種感覺只能在我們自

---

123 Arthur Schopenhauer, Die Welt als Wille und Vorstellung II,
   Sämtliche Werke, Band II, Suhrkamp, Frankfurt am Main,
   1986, P.556.

身中產生。當悲劇災難發生時，我們的精神必定啓示出生命的沉重的惡夢，我們應該醒過來。因此，叔本華這裡所講的“其他元素”有可能使人放棄他的意志，這種悲劇的行爲類似動態的崇高，它可以把我們提升到超越各種利益及意志，甚至可轉化我們的精神，使其成爲愉悅的來源。

在悲劇中叔本華也特別強調屈從（Resignation）的特性，他認爲古希臘的悲劇只指出恐懼和存在結合在一起，但並沒有提醒觀眾屈從的感覺。他說“幾乎所有古希臘悲劇所表達出來的是人類在偶然和錯誤的恐怖統治下，但是完全沒有爲我們帶出一種引起贖罪的屈從。理由是因爲古人還不了解悲劇的最高目的，也無法捉住真正普遍生命的概念”[124]。因爲古希臘悲劇的主角，放入太多的頑強去對抗命運的衝擊，面對死亡的泰然也不是意志的拋棄，只有現代悲劇及基督教神靈的啓示知道去達到悲劇的全部。

這裡對悲劇的屈從及“其他元素”是否意味著叔本華老早就被放在悲劇本質之外，亦或是如尼采

---

124 Arthur Schopenhauer , Die Welt als Wille und Vorstellung Ⅱ , Sämtliche Werke , Band Ⅱ , Suhrkamp , Frankfurt am Main , 1986 , P.558.

形容叔本華的說法，“所有有哲學氣質的人，都會
預感到我們日常生活現實世界中可找到完全不同的
隱藏著的東西，我們的現實世界本身只是一種外
表。就是在這種天賦下把所有人和事物都看作簡單
的幻想和夢象，叔本華就意識到這種哲學態度的標
記”[125]。正因爲這種尼采式標記使叔本華在悲劇中
創造出一些叔本華的重生以及對生命痛苦的擺脫。
叔本華在“意志與表象世界”第一版§55 最後，引用
了荷馬的一句詩“心胸滿懷怨憤，却要勉強抑制”
（〈Ilias〉I8，113），以及他認爲要認識我們的長短
處，以此做爲確定我們目的的標準。對力所不能的
就要知足不強求，這樣，在我們個性中便能安穩地
擺脫一切苦難中最尖銳的不幸：對自我的不滿。這
些不可避免的錯誤是不認識自己本性、自負，和由
此而生的不自量力的後果[126]。我們可以看到叔本華
悲劇的智慧，就是他認爲悲劇相似於懲罪的証實，
悲劇完全是一種補償存在的罪孽，這已顯示出叔本
華對悲劇的真實性，而且是一種不可能經由正義或

---

125 Nietzsche，La naissance de la tragédie，Traduit de l'allemand
　　par Geneviève Bianquis，Gallimard，Paris，1949，P.23.
126 Arthur Schopenhauer，Die Welt als Wille und Vorstellung I，
　　Sämtliche Werke，Band I，Suhrkamp，Frankfurt am Main，
　　1986，PP. 421-422.

功德可以得到解救的。叔本華說"有些人要求詩藝
中的正義，這是完全認錯了悲劇的本質，也認錯了
世界的本質"[127]。就如謝林說的，"悲劇的本質是
一種主體的自由與客體的必然性之間實際的鬥爭"
[128]。由此，看到悲劇本質上的必然性，叔本華否定
了一切要去挽救或改善悲劇的可能性，因此，他肯
定悲劇是絕對不可能消除的，對於一些企圖在悲劇
中証明無罪的人，叔本華則做了下面的回應，他說
"只有理性主義及新教的平庸的樂觀主義的充滿精
神，或確實地，從猶太教的觀點才要求在悲慘事件
中的正義，才能在這要求滿足中得到愉悅"[129]。

　　總之，叔本華的悲劇雖說是由"錯誤與偶然"
所生，但是我們則肯定的指出其悲劇是以必然爲條
件的一種偶然。而且悲劇的最後一個企圖，就是要
啓示我們屈從及生命意志否定的視野。其結局只在
當他必然地來自當下特殊的單一遊戲下才能幻想他

127 Arthur Schopenhauer，Die Welt als Wille und Vorstellung I，
　　Sämtliche Werke，Band I，Suhrkamp，Frankfurt am Main，
　　1986，P. 354.
128 F.-W, Schelling，Philosophie de l'art，Traduction par Caroline
　　Sulzer et Alain Pernet，Éditions Jérôme Millon，Grenoble，
　　1999，P.350.
129 Arthur Schopenhauer，Die Welt als Wille und Vorstellung I，
　　Sämtliche Werke，Band I，Suhrkamp，Frankfurt am Main，
　　1986，P. 354.

純粹的意義。而且在叔本華的悲劇中，可以有結局，亦可以沒有結局，但是肯定不會有續集。

第四章　叔本華的音樂形上學

　　音樂是由各種聲音組合起來同時間發出的聽覺藝術，為了使人聽起來悅耳，一些研究聲音的專家就在音與聽覺間找尋令人最喜悅的心靈感覺，在音樂發展過程中，五花八門，各有各的方法，甚至還有強調聽覺都要靠想像力，音樂家兼鋼琴家前芝加哥大學音樂教授 Charles Rosen 認為有些無法用聲音來領悟的音樂形式的外貌，都是透過想像力。他說"每次我們聽音樂，我們聽覺的想像力置身其中，這是當然的事"[1]。所以，音樂並非千篇一律物質化的結果，也可透過想像力。在這音樂的找尋過程中，為了發出聲音，因此有了各種不同能產生聲音的物件，經由弄音人透過各種節奏、旋律和和聲來完成一首曲，所以有一般我們所講的音樂、音樂家與樂器等的名稱。到現在音樂的定義仍有很不同的爭論，即使是大音樂家也不敢來為音樂下定義，當然

---

1 Charles Rosen , The romantic generation , Harvard University Press , Cambridge , Massachusetts , 1995 , P.1.

就更不可能由我們來給音樂找出定義。不過，我們
則可以肯定的說，在人類的各種藝術種類中，音樂
是最抽象的一種，正因它的抽象性，並不具體表出
現象世界的事物，人們之於音樂只能透過內心感受
的深淺程度來陶冶人性，到今天科技之發達，世界
各地不同文化互融的時代已經來臨，有人說音樂是
世界語言，我們則認爲音樂是以善爲內涵的美的藝
術，更肯定的說音樂是人類精神的聯合國。

　　事實上，音樂與人類日常生活密不可分，例如
孤獨時可以音樂自我慰藉、牧羊人吹著牧笛、古時
戰爭還有戰鼓相助，到了今天，人送上太空的東西
還以歌曲爲地球上的人類表達了外太空和地球的密
切關係。在西方音樂主要用在神廟、慶典、有強烈
的宗教色彩。由蘇美爾、埃及、希伯來以及古希臘
人引動並發展了音樂。我們中國，雖然早在 "禮記"
已有音樂對心靈與物質融合的描述：例如禮記、樂
記所說 "凡音之起，由人心生也。人心之動，物使
之然也，感於物而動，故形於聲" 。以及 "樂者，
音之所由生也，其本在人心之感於物也" [2]。由此，
我們看到中國文化對音樂也有和希臘柏拉圖、亞里

---

2 [清]孫希旦撰，禮記集解（下），中華書局，北京，2007，P.976.

士多德時代對音樂相應的看法。但由於早期的音樂家，只被視爲藝匠，並未受到統治者的重視，地位並不高，因此，中國古音樂能傳世的作品流傳下來的並不多，大部份能流傳下來的作品都靠民間音樂家私下的傳承。不過無論是西方的由古希臘羅馬的音樂、中世紀、文藝復興、巴洛克……到浪漫、現代或新世紀音樂。亦或中國的由先秦音樂、秦漢、唐、宋、明、清到現代音樂。只要是音樂必定少不了音樂的要素，就是節奏、旋律、和聲、音色等。節奏和旋律區分了不同音樂的個性。而每種樂器和每個人都有不同的音色，由兩個以上的樂器或人共同演奏或合唱的音樂可叫和聲。在這元素下，用人聲唱出的叫聲樂，而用樂器奏出的稱爲器樂。無論是聲樂或器樂，都有各種結合演出的方式，如獨唱、合唱、對唱、獨奏、協奏、交響樂等等。

　　音樂雖然無法確實下定義，不過，音樂可說是人類思想的一部份，透過音樂的符號，表達出人們內心世界所思想的觀念，所以，音樂是有內涵的，其內涵完全是音樂創造者的生活體驗，思想情感。並從聲波的噪音與純音以及高音與低音之間的融合，爲人們帶來生命中美的享受，以及抒發人們內心所感受到的歡愉、悲痛、興奮等各種情緒。透過音樂人們可以互相交流生活體驗。叔本華對這些音樂的背景認識很深，所以他在“意志與表象世界”第一版§52 寫出論音樂以及在“意志與表象世界”第二版第 39 章論音樂形上學的有關音樂的看法。我們認爲他談音樂及在“意志與表象世界”第二版第 44 章的“愛情形上學”中所談論人間之性愛，是叔本華全部作品最好的兩個精華。讀者如果有緣去用心讀幾次，必定令你生命得到升華。在此，我們講述叔本華的音樂，當然是以“意志與表象世界”第一版§52 及第二版第 39 章作爲我們討論的依據。我們首先討論叔本華音樂形而上的內涵，再論述叔本華如何將這內涵表達出來，最後我們以音樂形上學的哲學意義做爲對叔本華音樂的結論。

第一節　音樂形而上的內涵

　　“音樂只是一種空虛的聲音，它能悅耳，只能間接地、輕微地在心靈上起作用”[3]，這是否意味著盧梭認爲音樂應該有內涵在其中，否則就是空虛

---

3 Jean-Jacques Rousseau , La Nouvelle Héloïse , Librairie Générale Francaise , Paris , 2002, P.185.

的，而叔本華又是怎樣來看音樂？是否也應該說有些他認為的內涵在音樂之中？前面所談藝術等級由建築、雕塑、繪畫、詩、直到悲劇，可以說是叔本華藝術等級中由最低一級的意志客體化，直到意志客體化最高一級的悲劇，這些的藝術，都是經由意志客體化的結果來區分藝術美的高低級別。而音樂則完全不是只由意志客體化可以給它定位的。所以它給叔本華帶來個大問題，他既不能否定音樂是藝術，但是又認為完全沒有在藝術中適合它的地位。叔本華肯定的指出音樂完全孤立於其他一切藝術之外。我們不能把音樂當成是由世界中所表現出來的事物存在觀念的再現，複製品。反而，音樂是一種如此崇高和奇妙的藝術，如此原本，去激起我們最內在的感情，如此深刻如此完全了悟，在明晰程度上就像是一種超越直覺本身的世界語言[4]。用超越直覺來形容音樂而且那麼深入去探討音樂，這是哲學史上的第一次，是藝術史上最重要的一項成就，更是人類本質上的活動。一般人對音樂的認識，如果我們沒有曲解音樂的話，對音樂的了解一方面是情

---

4 Arthur Schopenhauer，Die Welt als Wille und Vorstellung I，Sämtliche Werke，Band I，Suhrkamp，Frankfurt am Main，1986，P. 357.

感，另一方面則是概念。就是說音樂是由情感到概念的融合，對音樂的拍子來說，感情並非最直接、最首要的工具，反而概念化的事物，如某種知識或某種文化確是音樂的首要條件。但是叔本華並未從傳統音樂家的立場來探討由概念引發情感的過程。反而，他是以一個哲學家的身份，由人的本質去發掘音樂的價值。他一方面經常表現出，音樂是一些不可思考的想法，另一方面又啓示一些不是由直接表出的思想，其實，這就是叔本華的本質。叔本華說 "在我們的觀點上，我們注意的既是音樂美感的效果，我們就必須認知這效果有比較嚴肅和比較深入的這個世界最內在的本質和我們自己有關的意義。就這意義來說，音樂雖可以數字表達來看，但就這種數字的表達來說，它並不是符號本身，而是符號的表達" [5]。所以，音樂的形式可以確定是用一種用數字表達出來的規則，音樂不可能擺脫這些規則，一但脫離了這些規則就不再是音樂。這就如 Alfred Schmidt 所形容的，叔本華由於將經驗膨脹，使形而上出現並成爲確實的事，並可以很清楚，

---

5 Arthur Schopenhauer , Die Welt als Wille und Vorstellung I , Sämtliche Werke , Band I , Suhrkamp , Frankfurt am Main , 1986 , PP. 357-358.

很完整的解釋已有的世界[6]。其實任由叔本華再如何打出形而上來形容他思想的內涵，我們可以肯定他也脫離不了經驗的事實，我們同意 Cassirer，他說"叔本華使形而上成爲可能，而經驗特性則成爲必需"[7]的看法。

但是爲了給叔本華找到合乎他思想的大道，他先把音樂和世界之間的關係做了交待，他指出就音樂與世界兩者的模仿與複製的關係來看，他們的交融點是非常困難掌握的。我們從事音樂的過程中，很少會注意到兩者的模仿、複製關係之間的問題，一般人都只是直接去享受音樂已經足夠了，不會以抽象方法去找尋直接領悟本身如何可能的理由[8]。他這想法已經看到他把音樂和其他藝術領域分裂的前奏，而且已在世界及人中潛伏著意志的觀念。也正因這種意志因素，無論藝術的形式千變萬化，音樂

---

6 Alfred Schmidt , Die Wahrheit im Gewande der Lüge , Schopenhauers Religionsphilosophie , R. Piper , München , 1986 , P.24.

7 Ernst Cassirer , Die Physiologie als grundlage der Erkenntnistheorie ,
參閱：Materialien zu Schopenhauers〈Die Welt als Wille und Vorstellung〉 Herausgegeben , Kommentiert und eingeleitet von Volker Spierling , Suhrkamp , Frankfurt am Main , 1984 , P.228.

8 Arthur Schopenhauer , Die Welt als Wille und Vorstellung I , Sämtliche Werke , Band I , Suhrkamp , Frankfurt am Main , 1986 , P. 358.

對他來說就如叔本華所形容的，他已經體會到音樂
的本質，也已經解釋清楚音樂和世界關係之間的模
仿的本性。所以，叔本華確定提出"在音樂作為表
象的藝術，同時本質上又絕不可能是表象客體的事
物，兩者之間有密切的關係不可能的：總之，我的
解釋令我們把音樂看成是一種永遠不能直接表達出
來的模型的複製品"[9]。這裡，叔本華所講永遠不能
直接表達出來的模型複製品，同時具有在意志關係
中音樂的超驗特性，以及音樂組成關係中複製者的
特性。我們看到藝術其實就是複製品，而對音樂就
特別和藝術區別開來，音樂是一種完全不能由世界
複製的藝術，這種音樂是音樂，世界是世界的想法，
令很多人無法想像，但在叔本華那裡是堅定的，他
甚至把音樂情緒和人類的情感都只確定為兩件平行
的事情。他完全是透過柏拉圖的觀念來解釋各種藝
術，因為一般各種藝術只是依賴觀念所做出意志客
體化的深淺程度來評判藝術，但是對叔本華來說，
音樂是不需要依賴觀念，因為音樂必然跳過觀念。
音樂和觀念是平起平坐的兩個獨立的東西。他說

---

9 Arthur Schopenhauer , Die Welt als Wille und Vorstellung I ,
Sämtliche Werke , Band I , Suhrkamp , Frankfurt am Main , 1986 ,
P. 358.

"音樂跳過觀念，是完全獨立於現象世界，完全無視現象世界，在某種意義上即使宇宙不存在，音樂還是存在，但對其他藝術就不能這樣說，音樂是整個意志的直接客體化和寫照，就像世界自身，像觀念自己的客體化一樣，……音樂不像其他藝術是觀念的複製，而是觀念本身的客體化及意志本身的反映"。又說"是以同一個意志把它自己客體化到觀念和音樂。只是兩者客體化的方式不同而已，在音樂與觀念中不存在一種直接的相似性，而是一種類比性，是一件平行性關係"[10]。

　　我們看到叔本華的音樂理論，把音樂、意志、世界、觀念是完全各自獨立，音樂絕對不需依賴任何他者，但是他這種思想，並不是很容易解釋清楚的，連叔本華都認為他這套音樂理論是晦澀難懂。為了解釋清楚，他用低音、高音、和音來說明，低音是意志客體化的最低級別，是物質類似無機的自然界是行星的體積。而高音則是植物和動物輕便易於流動、又消失得快，由基低音所伴隨的諧音產生，諧音的規律是由低音與高音合奏的和音。而行星的

---

10 Arthur Schopenhauer，Die Welt als Wille und Vorstellung I，Sämtliche Werke，Band I，Suhrkamp，Frankfurt am Main，1986，PP. 359-360.

體積是整個物質世界發展的來源及其支持點，這種
自然界的物質關係和音樂中存在的高音與低音的關
係完全一樣。所以在音樂世界也是一切由低音發展
出來。再發展下去，就整體和聲的組成來分析，由
低音直到能主導及奏出旋律樂曲之間的聲音，這時
的聲音，令我們好像再找回類似觀念的一系列級
別，而這些觀念就在意志客體化中。在高、低及和
音中，低音和各種和音都缺乏前進旋律的聯貫作
用，只有高音能奏出聯貫的旋律，也只有高音在抑
揚頓挫和音階中能自由輕巧的變化。叔本華說“在
曲調中，是由主音，高音，悅耳的聲音，主導著全
曲，它任意、自由的往前進，它保持一個到另一個
聯貫進行，影視出一種單一的主調思想，我們好像
看到了意志客體化的最高級別，看到人的意識充滿
了生命及欲望”[11]。在叔本華那裡所有曲調，從頭到
尾都是一種為完成欲望目的的安排及意義。

　　叔本華引用了柏拉圖“論法律”第七章 812c.
中所說的話來表達他對音樂與心靈意志的關係，就
是“音樂曲調的變化模仿著內心激動的情感”，以

---

11 Arthur Schopenhauer , Die Welt als Wille und Vorstellung I ,
Sämtliche Werke , Band I , Suhrkamp , Frankfurt am Main , 1986 ,
P. 362.

及亞里士多德在“問題”第 19 條的話說，“為什麼
節奏與曲調雖然只是聲音，卻和心靈狀態相似？”
[12]。主要作用只是幫助他証明他的音樂核心問題，就
是音樂是意志自身的表達。關於這一點除了找出柏
拉圖、亞里士多德外，他也有他自己的看法，例如
他說“音樂曲調所帶給我們的描述，每一激動，每
一動力，每一意志活動都彩上意志最秘密的歷史”
[13]。另外他又指出“音樂和現象只有間接的關係，因
為音樂絕對不能表達現象，而是現象的內在本質，
表達一切現象自在本身，就是表達著意志本身”[14]。
由此看到叔本華所講的意志並不是各別不同的意
願，而是所有人都相同的對自己未來的一種企盼，
雖然每個人所想的內容不同，但想的本身，亦即意
願這概念本身則是大家完全相同的，這是“意志與
表象世界”第一版§29 所討論的，意志本身因為它沒
有原因所以是沒有目的的，因果原則只在現象界才

12 Arthur Schopenhauer , Die Welt als Wille und Vorstellung I ,
　　Sämtliche Werke , Band I , Suhrkamp , Frankfurt am Main , 1986 ,
　　P. 362.
13 Arthur Schopenhauer , Die Welt als Wille und Vorstellung I ,
　　Sämtliche Werke , Band I , Suhrkamp , Frankfurt am Main , 1986 ,
　　P. 362.
14 Arthur Schopenhauer , Die Welt als Wille und Vorstellung I ,
　　Sämtliche Werke , Band I , Suhrkamp , Frankfurt am Main , 1986 ,
　　P. 364.

有用，對意志本身是完全無價值的。叔本華這樣形
容意志，他說"意志在意識啓發它時，總能知道在
某時、某地在欲求什麼，但一般來說，意志絕對不
知道他欲求什麼。每一個各別活動都有一個目的，
但意志本身則沒有目的"[15]。基於這種無目的、無欲
求的意志，才能達到一種真自由、而無所罣礙，這
是叔本華強調音樂迷人的原因，不但是身藏不露，
跟本上，是沒有任何方式可以捉住它。所以他說"音
樂的曲調中我們看到意志最內在歷史的出現，使我
們進入人類心中的高、低潮、苦與樂、欲望以及生
命秘密的意識"[16]。在這眾多以內在本質爲中心的叔
本華想法中，意志是可以被觀念啓示給我們的，但
是音樂則完全不能啓示任何觀念。所以，可以看出
對叔本華而言，意志其實就意味著一種力量、意志
自身、自在的意願，都只能在最內心深處才能找到，
所以，我們只能描述爲力量自身、觀念自身，力量
的普遍模式完全被美感直覺所掌握，再由這美感直
覺回應到除了音樂以外的各種美術類別。爲何特別

---

15 Arthur Schopenhauer，Die Welt als Wille und Vorstellung I，
Sämtliche Werke，Band I，Suhrkamp，Frankfurt am Main，1986，
P. 241.
16 Arthur Schopenhauer，Die Welt als Wille und Vorstellung I，
Sämtliche Werke，Band I，Suhrkamp，Frankfurt am Main，1986，
P. 440.

把音樂除外，正是由於意志顯示出音樂和觀念的力
量與世界的力量是無關的。主要就因音樂絕不是現
象的複製品，反而是意志本身直接的複製品，在所
有現象界、在世界中，音樂顯示出是屬於形而上的、
是物自身的。因此，"世界可被稱爲一種音樂的化
身，亦可稱爲一種意志的化身"[17]。由這個化身知道
叔本華的音樂有如宗教世界的神，他說"因爲音樂
只存在於激情，只存在於意志的活動，音樂就如神
一樣，只看到人心"[18]。我們就不說遠一點二千多年
前的柏拉圖把神看成是絕對的以及自存的，我們看
看笛卡爾怎麼爲神定位，就可感知神的地位，他說
"神是十全十美的"[19]。當然在此我們肯定神在叔本

17 Arthur Schopenhauer , Die Welt als Wille und Vorstellung I ,
　Sämtliche Werke , Band I , Suhrkamp , Frankfurt am Main , 1986 ,
　P. 366.
18 Arthur Schopenhauer , Die Welt als Wille und Vorstellung II ,
　Sämtliche Werke , Band II , Suhrkamp , Frankfurt am Main ,
　1986 , P576.
　關於音樂和意志之間的關係，我們認爲叔本華的音樂要超越一
　切，包括意志，曾如德國學者 Helmuth von Glasenapp 在叔本華
　年報中說到叔本華並沒有把意志提昇到神的地位。
　參 閲 ： Helmuth von Glasenapp , Das Gottesproblem bei
　Schopenhauer und in den Metaphysischen Systemen der Inder ,
　Jahrbuch der Schopenhauer-Gesellschaft , Vol. 28 , 1941 , P.155.
　而叔本華自己則把音樂用神來形容，由此，我們肯定音樂要超
　越意志。
19 Descartes, Meditationes de prima philosophia, Méditations
　métaphysiques, Texte latin et traduction du Due de Luynes ,

華心中的位置是無可置疑的，所以音樂在藝術界地位之高已是不說自明的，可以說音樂擁有了世界的法則，它可自化成是其所是的精神，如前面所講，即使宇宙不存在，音樂還是存在著的觀點已經否定了音樂是由意志反映而來的理論。

同樣叔本華也肯定了世界是意志的化身，那麼音樂和意志到底是劃上等號，還是有排名前後的問題，這是一個叔本華沒有交待清楚的疑難。音樂有它的超越一切的先前性，也就是超越觀念、超越意志、甚至超越世界。但是世界的物自體是什麼？叔本華常掛在嘴邊的內在本質又是什麼？筆者肯定的說，對叔本華而言只有意志才是世界的內在本質，而意志也正是世界的物自體。他在"意志與表象世界"第一版§8說過只有在抽象中，各種動機同時表達於意識中，在各動機的比較排斥中呈現到意志上，最強的動機則成爲意志反映的決定。因此就知道意志有他的能動性，而且只要世界存在意志就必定存在，這也是叔本華整個哲學思想的中心及其本質。所以，叔本華如果說意志孕育了世界，是一個造成其表達和思想上矛盾的幻想。不過，我們可以

Introduction et notes par Geneviève Rodis-Lewis , Vrin , Paris , 1966 , P.52.

從另一個角度來分析，就是音樂製造聲音，而意志製造世界，在藝術與世界這兩個領域中，音樂與意志都是先於一切而存在的，但是就人的立場來看，世界無法化身為意志，卻可以化身為音樂。在這種情況下，我們肯定世界與意志可化身為音樂，但這音樂卻有一種超越世界與意志的原始意義。

因此，我們看到，叔本華所講"意志之鏡"的音樂理論，是戴上音樂超驗的獨創性，去認知音樂與世界，事實上，兩者的關係透過間接的，而且是一種音樂形而上的境界去解釋清楚這個關係。就像盧梭所形容的"不同言詞是給聽覺和心靈的藝術，以這境界去聽動人的音樂，不久就可感覺到，這種無言詞的語言感情上對我的影響，遠遠超出我的想像的高超力量，一種說不清的感覺在不知不覺中控制了我，……已不是空虛的聲音，每個句子，有些影像進入我的腦海中，或有幾個感情進入我的心中"[20]。所以，如果音樂與世界要有關係，是在任何環境下音樂可釋放出一種意志規範下的情感的回應？叔本華的看法是音樂不是表達個別的愉快、憂傷、痛苦、驚愕、滑稽以及冷靜，而是表示愉快、

---

20 Jean-Jacques Rousseau , La Nouvelle Héloïse , Librairie Générale Francaise , Paris , 2002 , PP. 187-188.

憂傷、痛苦、驚愕、滑稽以及冷靜等的自身，所有
這些感覺可說都是抽象地，這些各種感覺的本質都
不帶任何雜質，所以是沒有任何動機的。但在這洞
察入微的精華本質中，我們可以領悟這些情感。正
因爲這樣，我們的想像力是這麼輕易被音樂喚醒。
由於這想像力就形成一種完全看不見又生動活躍，
可以直接對我們說話的精神世界[21]。在這看不見的
"意志之鏡" 的世界中，他否定了海頓的季節（Die
Jahreszeiten von Haydn），及其創作的作品在音樂上
的價值，主要就是他認爲海頓是直接模仿物質世界
的現象而來，在藝術領域中是不應該允許的[22]。對海
頓的批評之外，他又舉出意大利作曲家 Rossini，在
叔本華心目中，Rossini 是最優秀的作曲家，因爲音
樂如果太過遷就語言歌詞，過於依據實際事故發生

---

21 Arthur Schopenhauer，Die Welt als Wille und Vorstellung I，
  Sämtliche Werke，Band I，Suhrkamp，Frankfurt am Main，1986，
  PP. 364-365.
22 Arthur Schopenhauer，Die Welt als Wille und Vorstellung I，
  Sämtliche Werke，Band I，Suhrkamp，Frankfurt am Main，1986，
  P. 368.
  前芝加哥大學音樂教授 Charles Rosen 指出通俗的民俗音樂
  （Folk Music）就是海頓的風格。而民俗音樂主要是受到社會現
  象，社會環境的影響，這種心隨景轉的音樂大師，叔本華是不
  能接受的。
  參閱：Charles Rosen，The Classical Style，Haydn，Mozart，
  Beethoven，Norton，New York・London，1997，P.329.

的過程去塑造，那音樂就是要求去說一種不屬於他
自己的語言。而 Rossini 完全沒有這種缺點，他能保
持自己的純潔，所以他的音樂是那麼清晰、純潔地
說著自己的語言，甚至根本不需要唱詞，只用樂器
奏出都有其效果的價值。所以叔本華的音樂是不講
事物，只說幸福與痛苦，這些才是意志唯一的事實。
這就是爲什麼音樂對心講話，卻完全沒有對頭腦直
接講什麼。音樂如果對頭腦講話就是對音樂的濫
用。叔本華更指出海頓（Haydn）和貝多芬
（Beethoven）曾經犯了這種錯，而莫扎特（Mozart）
和羅西尼（Rossini）則總是避開了這種錯誤[23]。很
明顯，叔本華的音樂是在所有情感之前的。而這種
感情之前的音樂關係用“意志之鏡”的理論是無法
清楚解釋這種關係。事實上，講出了意志之前的音
樂感覺，是一種虛幻的先前關係，對意志本身而言，
已經是現象世界。所以，真正叔本華的音樂感情不
應該是自在的意志本身，而是一種不知名的先存
者，這先存者同時意味著意志超驗的原始性以及世

---

23 Arthur Schopenhauer, Die Welt als Wille und Vorstellung I,
Sämtliche Werke, Band I, Suhrkamp, Frankfurt am Main, 1986,
P. 365.
Arthur Schopenhauer, Parerga und Paralipomena II, Sämtliche
Werke, Band V, Suhrkamp, Frankfurt am Main, 1986, P.507.

界與音樂間可能媒介的理性。

　　但是，音樂和"前於事物的普遍性"的啓示是叔本華音樂形而上理論最重要的元素，他認爲音樂所給我們的是先於所有形式的內核和事物的核心，他說這種關係用經院哲學的語言來表示，我們說概念是後於事物的普遍性，音樂則提供前於事物的普遍性，而現實則提供事物中的普遍性[24]。他這種前於事物的想法，完全是建基於他對音樂只在時間中，只有通過時間，完全排除空間以及完全排除因果關係的基本思想。英國南安普敦大學哲學教授瑞德萊（Aaron Ridley）在其"音樂的哲學"一書中對叔本華提出三個相關問題，又自己回答了這三個問題，1. 深度是怎樣一種屬性？換句話說，我們說某物有深度，其意義是什麼？2. 我們理解到音樂的內容是什麼？3. 我們理解音樂所把握到的具體內容是否可能具備深度這屬性？他的回答是：1. 深度這屬性是形而上的知識，2. 理解音樂時，我們所把握的是世界最深刻的本性。音樂可以是形而上知識的源泉。3. 理所當然，我們理解音樂時，我們所把握到

---

24 Arthur Schopenhauer , Die Welt als Wille und Vorstellung I , Sämtliche Werke , Band I , Suhrkamp , Frankfurt am Main , 1986 , P. 367.

的具體內容是有深度的[25]。之後這位學者又自說自話，結論還是說叔本華的音樂理論要論証起來還是晦澀不明。另外在法國 Toulouse 大學教哲學的學者 Éric Dufour 批評 Cassirer 的"音樂的象徵主義"模糊不清並指出 Cassirer 這種說不清的思想和叔本華在確認音樂用什麼來象徵意志的時候完全一樣，是沒有說清楚的[26]。我們的看法是，如果從概念化的藝術觀點來看叔本華，那麼他的藝術理論幾乎是完全不及格的，絕對是說不清的。在叔本華眼中的概念是死的，完全沒有意義的（Cassirer 在藝術上也是否定概念化的），能在法國教哲學相信 Éric Dufour 也不會胡說八道，必定讀過叔本華的原著才發出這種反對叔本華之聲，所以我們雖然不同意 Dufour 對叔本華在音樂上的看法，但很佩服他對哲學的肯定，他並沒有從"心"從"神"這些叔本華對音樂的元素來看，反而提出了"真正的問題是要知道我們這裡是否可以音樂語義學（Sémantique musicale）以及

---

25 音樂哲學 ，（英）阿倫・瑞德萊著 ，王德峰　夏巍　李宏昀　譯 ，上海人民出版社 ，上海 ，2007，P.177.

26 Eric Dufour , Qu'est-ce que la musique?, Vrin, Paris , 2005 , P.49. Dufour 在同書 P.64，談到 Cassirer "象徵形式"時對 Cassirer 的看法是"照他，如果某些音樂表達及具有一種音樂的極端意義，既然是一種象徵形式，這意義，一方面不是心理學的，另一方面，他是對音樂如此的模糊不清及不確定，企圖用音樂來表達所有，最後結果是完全沒有表達"。

在這裡有沒有一種詞義轉移（un glissement de sens）的問題"[27]。這個問題對叔本華來說層次是低了一點，就像柏拉圖在費德羅對話錄中談愛的本質也是完全不可能很明確的說出愛是什麼，是同一個道理，所以柏拉圖就定出愛的指導原則，一種是盼望追求快樂的天生欲望，另一種是在追求至善的後天獲得的判斷力。Dufour 對叔本華音樂的批評相信是這天生欲望與後天判斷力的差距所造成。照我們的看法是叔本華的音樂是不可能用深度來測量的，因為它是無限的，因為它是不存在於空間的，因為它是不能用理性來論証的。所以，叔本華絕對是完全否定理性，因此，他這個"不知名的先存者"的假想是先於意志的，也正是叔本華音樂形上學的來源，由此進入到整個叔本華美學系統，也正由此，使叔本華把音樂和其他藝術種類做了區分，也正由此，使叔本華的音樂感情直接成為人類的感情。總之，音樂就如叔本華所形容的是最內在、最不可言說的，最容易領會而又最難解釋的一個永遠達不到的親密樂園。

---

27 Eric Dufour , Qu'est-ce que la musique?, Vrin, Paris , 2005 , P.61.

第二節　音樂如何表達

如前所說平行關係，是叔本華音樂思想重要的一環，所謂平行指的是音樂與世界，亦可說音樂與自然之間的關係。既然是平行關係，就像火車軌道一樣，到底有沒有交匯點？一般能深入探討叔本華音樂的人，必定會提出這個問題，法國的叔本華專家 Clément Rosset 就曾為這個問題提出他的看法，他以為在世界與音樂之間有一種不知名的 χ 點，它同時意味著一種可能媒介的理性與意志超驗的起源[28]。Rosset 這個回應還是不夠清楚的，因為這是個連叔本華自己都說不清的問題。傳統音樂必定要找出一些概念化的東西音樂才能為人所認知，法國 19 世紀以前最偉大的音樂家 J.P. Rameau（1683-1764）就很肯定的要找出一個物體才能產生音樂與人的關係[29]。不過，無論如何叔本華把音樂放在藝術中的最高地位，就可知他雖說不清但還是會堅持他對音樂的

---

28 Clément Rosset，L'esthétique de Schopenhauer，P.U.F. Paris，1969，P.98.
29 Jean-Philippe Rameau，Nouveau système de musique théorique，Analyse critique de Joseph-François Kremer，Éditions Aug. Zurfluh，Bourg-la-Reine，1996，PP. 8-9.

想法，他一直以來都把音樂當成一門獨立自足的藝術，而且還是藝術中的最強而有力者。音樂絕對不需要音樂以外的任何他者來輔助它，甚至連看起來和音樂有關的唱詞等都不需要，所以音樂可以不需唱詞或歌劇的情節的幫助。這種叔本華式的音樂只有聲音，從來不會去追問發出聲音的原因。所以，我們人所發出的任何聲音就如同樂器所發出的聲音一樣，在叔本華看來都是音樂。因為音樂和其他藝術不同，如前面所講過的，其他藝術是以觀念表出的程度，亦即意志客體化的級別來評價藝術價值的高低。而音樂完全不在這範圍內，它可直接表現意志本身。

既然是這樣，那音樂到底有沒有表達出來的規則？我們肯定說在叔本華那裡音樂的表達是沒有規則可循的，否則就變成他不能接受的概念了。但是叔本華也有他自己的說法。他一開始就提出和音的四個音部和由礦物到人的關係，他說"所有和音的四個音部，即低音、次中音、中音和高音，或說根音、三度音、五度音和八度音，都對應著存在物階梯中的四個級別，就是礦物界、植物界、動物界和人。這個類比在音樂的基本規則中得到強烈的肯

定"[30]。由這看到叔本華也不能從俗,一開始就把低
音比做礦物,礦物當然是概念的東西,所以他也認
同音樂也有類似自然的基本屬性,不過在自然界
中,有機體生物相互之間的關係,其密切程度遠甚
於有機體生物與礦物界中沒有生命的無機物之間的
關係。如前面講音樂形而上內涵時提到過,音樂的
產生和高音與低音的結合連貫是分不開的,關於這
種音樂中高、低音相連的必然性也就是物質與音樂
的類比性,叔本華就這樣來回應,他說"在人的有
機體裡,是以人的觀念作為支撐,必須也同時支撐
著和表現出化學屬性及重力的觀念,也就是意欲客
體化的最低級別"[31]。由此,我們相信叔本華的音樂
離不開低音,也就是說離不開物質,否則他的音樂
形而上內涵必定無法表達出來。就在這一前提下,
音樂也不必完全排斥文字詞語,但不能給文字詞語
喧賓奪主,所以文字詞語對音樂而言,只能是附加
物,只有低一級的價值,因為音樂所做出來的效果
比文字詞語有力得多。音樂表達出感情和情節真正

---

30 Arthur Schopenhauer , Die Welt als Wille und Vorstellung Ⅱ ,
 Sämtliche Werke , Band Ⅱ , Suhrkamp , Frankfurt am Main ,
 1986 , P.573.
31 Arthur Schopenhauer , Die Welt als Wille und Vorstellung Ⅱ ,
 Sämtliche Werke , Band Ⅱ , Suhrkamp , Frankfurt am Main ,
 1986 , P.574.

的本質，是最內在的靈魂，而舞台上使我們看到的只是事件的肉體和外衣。所以，要保持音樂良好本質，應該是為音樂而作詞，絕不是為詞而譜曲。

因此，歌劇樂譜的音樂本身擁有一種完全獨立、分開、和抽象的存在，歌劇中的事件、人物對這音樂是陌生的，這音樂總是依循屬於自己的、不變的規律。所以，音樂即使沒有劇本唱詞也可以完全造成它的效果。歌劇中的音樂之所以不關心事件、人物以及唱詞等有形的元素，主要是音樂本身有其個別特性和較高的本質，叔本華還把音樂形容為神，只看重人心。因為音樂只在乎激情，只著眼於意欲的活動。從來不會在乎物質的素材。不過叔本華還是接受文字詞語的概念認知方式，他認為"在同一時間，我們可有兩種認知的方式，就是最直接和最間接的方式，而且要協調起來發揮作用，對我們最直接的認知方式是那種由音樂表達了意志本身的激動，對我們最間接的認知方式是那種用文字來表達有文字符號標記的概念"[32]。他還替他使用文字概念做了補充，他認為雖然音樂本身可表達出

---

32 Arthur Schopenhauer , Die Welt als Wille und Vorstellung Ⅱ , Sämtliche Werke , Band Ⅱ , Suhrkamp , Frankfurt am Main , 1986 , P.576.

意欲的活動，但如果加上了文字後，另外可得到意
欲的對象物，可引起意欲活潑的動因。

叔本華一再強調音樂是神，是講心的藝術，更
說音樂是完全獨立，不需依賴任何事物。但是又一
再告訴我們音樂的低音是礦物，甚至認為音樂可以
接受字詞，接受概念等元素。這是因為他把音樂看
成藝術種類的最高一級，是先驗的，但是先驗世界
如何把真實的音樂由形而上的世界表達出來，一般
是非常困難的，所以，相信叔本華是在一種不自在
的心情下，不得不抬出概念、物質這類他認為音樂
不該有的元素，做為中介來達到音樂由形而上世界
把它表達出來的目的。也就是說，音樂形而上的內
容如何和有形的現象統一聯繫起來。

首先，叔本華依照傳統以來到今天普遍為一般
人接受的音樂藝術的方法，就是如何將形上音樂內
涵和有形物理現象這一部份的元素結合起來。他指
出 "所有聲音的和音都建基於振動的疊合" [33]。當有
兩個音同時發出聲音時，會產生每一個的第二、第
三、第四種振動，這時的音就變成了八度音、五度

---

33 Arthur Schopenhauer，Die Welt als Wille und Vorstellung II，
　Sämtliche Werke，Band II，Suhrkamp，Frankfurt am Main，1986，
　PP. 577-578.

音和四度音或其他的音等等。當兩個音振動疊合時，兩者之間能產生有理以及小數字表達的關係，重複這種關係就會產生和諧之音。相反的如果兩音之間的振動是以無理以及大數字表達出來的關係，就會產生不和諧之音。叔本華強調"音樂是使我們可領會的有理或無理數字關係的一種方法，而不是借助概念來達到這一目的，音樂是讓我們能透過感覺，同時、直接地認識這種數字關係"[34]。透過上面這理論，音樂形而上的內涵以及音樂有形的算術數字才得以聯繫起來，這就是叔本華如何把音樂形而上表達出來的第一個重要的理論。這種以數字比例為主，再以有理、無理的方式表出和諧、不和諧的音樂來使我們意欲產生滿足或不滿足的感覺。這時就要發明旋律來做為把意欲感情過渡到純粹表象領域的媒介。這純粹表象就是藝術獨佔的舞台，同時要消除意欲本身及認知者必為一個純粹地認知主體。在這時除了已經沒有了意志的困擾，就要注意聲音的特性，因為和音是依賴高、低音振動的重疊，叔本華提醒我們，"當我們追求聲音音樂元素時要

---

34 Arthur Schopenhauer , Die Welt als Wille und Vorstellung Ⅱ , Sämtliche Werke , Band Ⅱ , Suhrkamp , Frankfurt am Main , 1986 , P.578.

由振動速度的比例來組成，而不是由相對的強度構成。而當我們的耳朵在傾聽音樂時總是喜歡最高音，而不是最強音”[35]。叔本華強調高音，我們前面已提到過，可以說是音中之王，因為它有以相同振動頻率為基礎的靈活性，所以它可以強化旋律。而高音的對立面，是活動笨拙的低音，它只以第三音階、第四音階和第五音階進行大音距的上下升降，在升降過程中，低音的移動，都受固定規則的指引。低音可說是無機自然界的代表。這種無機性，完全沒有細膩可言，只受制於最普遍的定律。低音是永遠不可以演奏出旋律的。

其次，我們說在叔本華由音樂的形上內涵表達出來過程中，其旋律的形成是如何產生作用。說到這就必須知道旋律有什麼元素。旋律對音樂的作用，盧梭就這樣來形容，他說“只有由旋律才能產生出激情的無比力量，正是旋律把一切心靈上的整個音樂力量分流出來”[36]。叔本華說“旋律有兩要素所組成，就是節奏與和音，節奏可稱為數量的元素，

35 Arthur Schopenhauer，Die Welt als Wille und Vorstellung II，Sämtliche Werke，Band II，Suhrkamp，Frankfurt am Main，1986，P.579.

36 Jean-Jacques Rousseau，La Nouvelle Héloïse，Librairie Générale Francaise，Paris，2002，P.186.

而和音則是質量的元素，因爲節奏涉及音的持續，
而和音則關乎音的高低。在記譜時，節奏屬於垂直
線，和音則用水平線”[37]。而且節奏與和音的關係，
完全建立在純粹算術的關係，也就是時間關係。節
奏是音的相對持續時間，而和音，則是音的振動相
對速度。對叔本華來說，節奏是最本質的。而且節
奏當然是形上音樂表出的重要元素。節奏這個在音
樂中不可少的元素，叔本華是怎樣來看它，他用建
築藝術來做爲他說明節奏的輔助，音樂和建築這兩
種在藝術上完全對立的思考模式，用叔本華的話就
是建築和音樂在藝術系列中形成兩個極端。他說
“節奏之於時間就像對稱之於空間”，又說“建築
只存在於空間，和時間完全沒有關係，而音樂則只
存在於時間，和空間也沒有一點關係。它們之間唯
一有相似類比的地方是在建築中，對稱所起的順序
和統合的作用，在音樂中，則是由節奏扮演同樣的
角色”[38]。叔本華就是在這思想下，把建築的最小組
成部份小石塊。形容爲音樂的最小組成部份拍子。

---

37 Arthur Schopenhauer , Die Welt als Wille und Vorstellung Ⅱ ,
   Sämtliche Werke , Band Ⅱ , Suhrkamp , Frankfurt am Main , 1986 ,
   P.580.
38 Arthur Schopenhauer , Die Welt als Wille und Vorstellung Ⅱ ,
   Sämtliche Werke , Band Ⅱ , Suhrkamp , Frankfurt am Main , 1986 ,
   P.581.

在音樂世界裡拍子可再細分為上拍與下拍，就像小石塊對建築一般的重要，所以，拍子是音樂組成的基礎，由它們組成一個樂段，而一個樂段也有相等的二半，一半上升、進取、通常可達到屬音，另一半則下降、平和、又重回到基音，兩個和以上的樂段組成一個部份，而這部份經符號重複同樣在對稱上加倍了。這兩部份組成一小部音樂，或一部大音樂中的一小樂章，例如協奏曲或奏鳴曲通常是由三個樂章，交響曲由四個樂章，彌撒曲由五個樂章所組成一樣[39]。而盧梭對音樂的看法，除了要實踐，更強調要跟拍子，他說"實踐好過空談，他不說應該做什麼，而只管去做；在這方面，就像其他許多方面實例有用過規則。我已經看到，問題只在於服從拍子，能很好的感覺，要用心去斷句，要把每個音樂分成短句，同時去襯托那些聲音，而不是突出它們，最後要去除聲音中的雜音以及所有的裝飾音，使聲音變得正確，富表現力和柔和"[40]。由此，我們看到拍子對音樂的重要性，而叔本華對音樂作品的

---

39 Arthur Schopenhauer，Die Welt als Wille und Vorstellung Ⅱ，Sämtliche Werke，Band Ⅱ，Suhrkamp，Frankfurt am Main，1986，PP. 581-582.

40 Jean-Jacques Rousseau，La Nouvelle Héloïse，Librairie Générale Francaise，Paris，2002，P.189.

看法，正是由對稱分配和重複分割直到分成各種小拍子，再由這些小拍子所組成的各個單位各自隸屬、統領、並列起來，就像建築的結構一樣，由小石塊組成一個在空間的完全對稱建築物，但音樂則是由這些小拍子組構而成在時間中的對稱樂章。雖然，叔本華以建築和音樂來類比說明音樂的節奏，但這只就兩者外在形式來看，就內在本質上這兩種藝術是完全不同而有天淵之別的。

在討論音樂表達的尾聲，叔本華則提出和音的價值問題。他是在旋律的本質上如何由節奏與和音中來看不和與和諧元素的新發展。他指出旋律的和音是以根音為前提[41]，這一點類似節奏是以拍子為前提一樣。由根音發展經過音階中的各個音，在或長或短的迂迴曲折後，終於達到和音的音階為止。這種和音通常是屬音和次屬音，叔本華認為當今的作曲，人們更注重的是和聲，而不是旋律，但叔本華則反對這種看法，他認為旋律是音樂的內核，而和聲的關係就像烤肉的調味汁一樣。就像盧梭的看法一樣，他說"和音在模仿的音樂裡只是一種次要的

---

41 Arthur Schopenhauer , Die Welt als Wille und Vorstellung Ⅱ , Sämtliche Werke , Band Ⅱ , Suhrkamp , Frankfurt am Main , 1986 , P.583.

附屬品,照和音的原意來說,和音並沒有任何模仿的原則" [42]。由此看到和音在叔本華眼中並不是重要的,所以這種屬音必須回到根音,到了根音,完美的滿足才算出現。但在這屬音與根音的發展過程必須恰好和節奏在最佳時間點碰在一起,否則就造就不出滿足的效果。所以,和音需要主音和屬音,就像節奏需要拍子和拍子的細分部份一樣。叔本華指出 "和音、節奏兩種基本成分不和,就是這其中一方要求得到滿足,而另一方得不到滿足,而和解就是這兩者在同一時間都得到滿足" [43]。這種滿足就是在和音發展過程,到達和音之前,會經過一些數目的拍子,在這一些數目的分拍中可找到好的分拍和和音巧遇。這種巧遇就正是這系列樂音的間歇點。同樣在這系列中在回到主音過程,也會在某一好的分拍找到和音與節奏的巧遇點,這時就是一種完全的滿足。相反的如果在音樂發展過程中,和音和節奏碰上了壞的分拍,則旋律的兩個基本成分完全不

42 Arthur Schopenhauer, Parerga und Paralipomena II, Sämtliche Werke, Band V, Suhrkamp, Frankfurt am Main, 1986, P. 509.
Jean-Jacques Rousseau, La Nouvelle Héloïse, Librairie Générale Francaise, Paris, 2002, P.186.
43 Arthur Schopenhauer, Die Welt als Wille und Vorstellung II, Sämtliche Werke, Band II, Suhrkamp, Frankfurt am Main, 1986, P.583.

和，我們感到不安。這種在音樂過程中的不和與和解，叔本華把它們用形而上來形容是 "在現實中新願望的產生的影像，正因為這樣，音樂又可深入人心，總讓我們不停的看到我們欲望的完美滿足的情形" [44]。這正是音樂的價值，在欲望產生與欲望隨後得到滿足開心的寫照。

另外，叔本華對音樂中的延留音也有他的看法，他以為正因為延留音阻撓了和音的到達，經這阻撓對和音的要求更強烈，當這遲來的和音到達時，我們的滿足感會更強烈，就像我們的意志所獲得滿足因延遲反而加強了。所以在音樂中，和諧音和不和諧音是音樂的心靈價值，如果千篇一律只有和諧音，將是單調無味的，如果一個人很幸運，什麼願望都能得到滿足，可能我們又會覺得生命的沉悶、無聊。我們認為貝多芬的第五交響曲的扣人心弦，正是因為除了有和諧音之外同時亦有不和諧音襯托其中，其內容在表面上看是雜亂紛呈，有狂暴、喧嘩、意氣風發、痛苦、悲愁、可人的感覺，主要依賴那份奮鬥的力量，抗爭的力量，也就是有障礙

---

44 Arthur Schopenhauer，Die Welt als Wille und Vorstellung Ⅱ，Sämtliche Werke，Band Ⅱ，Suhrkamp，Frankfurt am Main，1986，P.584.

的阻力，就是叔本華這裡所講的不和諧的力量。也
就是為什麼他認為我們必須引入不和諧音又重新化
為和諧音。他更確切的肯定在全部音樂中只有兩種
基本的和諧：不協和的七和諧音和協和的三和諧
音，所有的和諧都可回歸到這兩種和諧，這正好描
述了意志到最後就只有滿足與不滿足，而且又把音
樂的兩種樂調來對應快樂與痛苦，那就是大調和小
調。並以小調來標誌我們的痛苦[45]，事實上，在音樂
的表出這方面，叔本華不可能拋棄概念，他提出了
兩種音樂沉思的方式，一種是，音樂如何用一種普
遍完美的語言，透過一些聲音，用真實、精確、存
在以唯一的方法來表出世界的本質，這就是我們在
意志概念下所思維的東西，因為意志是最看得見的
表現。另一種則是哲學，哲學的責任是要在一些很
普遍的概念中全面而正確的展示和表達世界的本
質，在這前題下，音樂所表示的在概念中給予一個
詳盡又成功的表達，那麼，同時也在概念中充分表
達和說明這個世界，或者和這說明完全同一意義，
這就是真正的哲學[46]。無論叔本華對概念在音樂中的

---

45 Arthur Schopenhauer , Die Welt als Wille und Vorstellung Ⅱ ,
  Sämtliche Werke , Band Ⅱ , Suhrkamp , Frankfurt am Main , 1986 ,
  PP. 585-586.
46 Arthur Schopenhauer , Die Welt als Wille und Vorstellung Ⅰ ,

地位如何的不值得一提，但他借助哲學帶出概念在
音樂中的價值則是一個事實。由上面看到叔本華的
音樂如何由形而上的內涵表現在現實上，更可看到
在叔本華的世界裡，音樂是如何的深入人心，而且
更是人、事、物的最根本的本質。他還肯定的說他
的音樂形而上是爲了生命意志度身定做的產品，因
爲她是爲了我們意志的滿足，是爲了我們心靈深處
的狂喜。

Sämtliche Werke , Band I , Suhrkamp , Frankfurt am Main , 1986 ,
PP. 368-369.

第三節　叔本華音樂形上學的哲學意義

音樂，曾如 Bernard Bosanquet（1848-1923）在讀完亞里士多德"政治學"一書後所得出的看法，他說亞里士多德追隨並概述柏拉圖的看法，認為音樂是所有藝術中模仿性最多的一種，但就表出意義的現場來說，則是所有藝術中表達出來最少的一種。音樂的表達，就是說，大部份接近先驗表情的表達。音樂的節奏及組合要直接進入感情的內心深處。他指出亞里士多德這種直接是不經過任何迂迴外在世界的一些存在事物，他認為這是一般到今天為人所接受的音樂學說[47]。由 Bosanquet 的引述很好的為得到叔本華音樂形上世界的哲學啟示打開一條通路。或許也有些人認為會不會因叔本華沉湎於音樂而變成"無力的戰士"所以就躲在形而上的世界。柏拉圖在其"理想國"第三章有這種看法，認為當一個人太過沉湎於音樂，聽慣了一些甜蜜的和

---

47 Bernard Bosanquet , Three Lectures on Aesthetic , The Bobbs-Merrill Company Inc , Indianapolis , New York , 1963 , P.30.

諧、溫柔的、哭啼的聲音並進入人們靈魂深處時，
他用全部時間在這些歌曲上，最初他就會由鐵一般
堅硬變得柔軟，可以制成有用的器具，而不像原先
的硬鐵一般的無用，但是，如果繼續下去，就像吸
毒一樣著了魔似的，不能適可而止，最後會熔化和
毀滅，直到他的激情完全消散，他的靈魂萎靡不振，
成為荷馬 Iliade 詩中的 "無力的戰士" [48]。我們可以
肯定的回應這個叔本華的形上音樂當然不是什麼柏
拉圖所形容的 "無力的戰士"，只是叔本華雖然並
不強調音樂與世界兩者模仿與複製的關係，和亞里
士多德是完全不同，但音樂直接進入感情的內心深
處則和亞里士多德是直接不經過任何迂迴外在世界
的一些存在事物的觀點完全一樣。只是，我們認為
叔本華是要在先驗的世界建立起他的音樂王國，而
這個王國有的只是本質，沒有什麼表象，所以才有
了其音樂形而上的世界。柏格森的追隨者，哲學家
也是音樂家，Vladimir Jankélévitch 在其 "音樂與不
可言喻" 名著中曾經描述過音樂，他認為音樂是一
種聲音的幻覺，如果從外貌和外表來說是最無意義
的，音樂不需用力就可使人信服，也不需理智的決

---

48 Platon，La république，Introduction，traduction et notes par
Robert Baccou，Garnier Frères，Paris，1966，PP. 162-163.

定論去說服別人，以使人迷惑上當，而是某些我們
意志薄弱的客體化。而且他肯定音樂不在空間中。
他講到關於音樂形而上學時，他肯定是完全取決於
隱喻上……他還提出要另外一個柏格森來挫敗在音
樂美學中空間化的奇蹟[49]。我們認為 Vladimir
Jankélévitch 對音樂以及音樂形而上的思想和叔本
華是非常相近，使我們對叔本華的音樂形上王國能
有深一層的認識。

　　叔本華自己說到在他的主要著作（即意志與表
象世界）[第一版§52，及第二版§39]中所說明的音樂
形上學，可以說就像是畢達哥拉斯（Pythagore）哲
學思想中 "數" 的陳述[50]。畢達哥拉斯派創立了音樂
的數學理論，和諧觀念就是他們的起點。 "數" 的
次序是和諧的， "數" 的極點就是音樂的音符。由
音樂的音符中產生的和諧可消除各種對立與矛盾，
宇宙的一切就是 "數" ， "數" 可轉化成音樂，所
以整個宇宙的運行與變化都是和諧。更強調 "數"
是一種神的力量，就是透過神性去管理萬物，去奏
出宇宙的樂章。 "數" 不僅是和諧，由起源意義來

49 Vladimir Jankélévitch，La musique et l'ineffable，Seuil，Paris，
　　1983，P.9 及 PP. 114-116
50 Arthur Schopenhauer，Parerga und Paralipomena I，Sämtliche
　　Werke，Band IV，Suhrkamp，Frankfurt am main，1986，P.53.

看，"數"更是宇宙一切矛盾雜多之前的一個先驗
單一。所以"數"可說是宇宙的太初。我們認為叔
本華的音樂就意味著畢達哥拉斯的"數"，亦表達
了音樂是叔本華的太初，也就是叔本華意識中的宇
宙第五元素。因此，可以看到畢達哥拉斯學說的思
想對整個"數"的神秘的德行來說，可通達一種
"數"的真正的神秘主義，這是所有存在的本質。
叔本華就是在這條件下建立起他的音樂王國。

　　Simmel 說過，像柏拉圖要為概念找一個客體一
樣，叔本華要為美學的觀點找一個客體，叔本華很
可能感到，當我們在審美過程中所面對的對象，我
們對它的表象，是不同於我們對它用科學和事實觀
察的表象。他感到這就是審美客體不可比擬的本
質。它一方面保持著一種徹底的自我的存在，擺脫
了現實用來刺激事物之生命的一切聯繫、混雜、限
制。另一方面，它又遠遠超越了個別特性，超越了
個體的那種單純的自我的狀態，它自治、自律地擴
展到雜多之上，而在另一個維度內部，它又能並列
及連續，而能達到成為現實的因果[51]。音樂思想家華
格納（Wagner）在他頌讚貝多芬一百週年誕辰的一

---

51 Georg Simmel , Gesamtausgabe , Band 10 , Suhrkamp , Frankfurt
　　am Main , 1995 , P.278.

本書"貝多芬"中也借叔本華來描述醉人的音樂，
他認為音樂是開心的藝術，賜給一個有內在精靈附
身的人，曾如叔本華說的，一般的音樂家：用一種
如此深以及超自然的語言，講出最高的智慧，就連
他的理智都無法了解他的範圍。他還在其名著"歌
劇與戲劇"中帶著叔本華的影子說到聲音的語言在
人類理智的立場來看，是說不出來的[52]。這就是
Simmel 以及華格納為叔本華所打下其音樂王國的
基礎。也就在這基礎上，我們為叔本華發展出整個
王國的內涵。在其音樂王國中，叔本華完全是以哲
學的視野來安排其王國的內涵，當然意志就是王國
中的總管，最主要的他把音樂當成是宇宙的第五元
素 Quintessenz，把音樂當成神、音樂是不需話語的、
音樂是觀念外自存的存在，音樂講和諧，他就在這
藍圖下由音樂帶出生命的價值。

　　在其音樂王國裡一開始就以來布尼茲（Leibniz）
做為其跳板，來布尼茲在 18 世紀的歐洲是非常有影
響力的哲學家，前巴黎大學教授 Baymond Bayer 曾

---

52 Richard Wagner , Beethoven , Analysé et traduit par Théodore de
　Wyzewa , Stalker Éditeur , Paris , 2006 , P.11.
　Richard Wagner , Opera and Drama , Translated by William
　Ashton Ellis , University of Nebraska Press , Lincoln and London ,
　1995 , P.317.

這樣形容來布尼茲的重要性，他說＂謝林
（Schelling）在他的哲學中只是來布尼茲美學的傳
譯人，以及，如果沒有來布尼茲、黑格爾將不會存
在＂[53]。而 18 世紀前 50 年德國美學是受到當時法國
理性主義和英國感覺主義的影響。來布尼茲身在其
中，所以他的思想體系可說是運用了感覺爲下層並
以精神爲上層的結合而成。他像柏拉圖一樣以美的
觀點來支配宇宙的概念，所以美的定義就建立起他
的整個系統。他認爲美的和諧和音樂的和諧是相似
的，兩者都容許多數元素自發的綜合在單一之下。
而和諧則是在思想中、在概念中、在判斷及推理中。
而且他對伏羲八卦圖及易經都有研究，不但是哲學
家，也是數學家。叔本華把易經當成是數理哲學，
相信多少是受來布尼茲的影響，就是在這種情況
下，他否定了來布尼茲把音樂當成無意識的算術練
習，他認爲這只是外殼，這裡叔本華只是借用來布
尼茲來否定音樂中的概念元素，他以爲在音樂上要
不斷的提升層次，他認爲來布尼茲用無意識的算術
練習來形容音樂的想法，應該改寫爲＂音樂是一種
無意識形而上的練習，在這練習中，精神上並不知

53　Raymond Bayer , Histoire de l'esthétique , Armand Colin , Paris ,
　　1961 , P.148.

道自己是在搞哲學"[54]。他特別提到，如果是在低層次，即由音樂外表的意義來看，來布尼茲也是對的，但是，這樣音樂只是一層外表，那音樂所帶給我們的滿足和一些算術問題一樣只是個 1+1=2 的有限的滿足，完全不能是我們看到自己本質深處所表達的一種無限的滿足。其實，在過去二千多年來絕大部份的人都像來布尼茲一樣用他"感覺為下層"的概念來看音樂，正是這裡叔本華要為音樂開出新天地，當然，在一個事實上有概念元素的音樂，企圖以去概念化的方式來說明，我們看到在這過程中是有強烈的複雜性以及強烈的困難度。

　　叔本華不得不借助於柏拉圖的觀念來打開他這條那麼高音樂境界的通路，這個柏拉圖的觀念就是本書第二篇第一章所提過的從本質相關條件的觀點，要擺脫意志的認識主體，也就是一種沒有目的，沒有意圖的純理智。他不但把音樂當成和觀念類似的東西，甚至還是超越觀念，為了他理論上的可行性，他就確定音樂是世界的第五元素（Quintessenz）[55]。他之所以用"Quintessenz"這個字就是在告訴我

---

54 Arthur Schopenhauer，Die Welt als Wille und Vorstellung I，Sämtliche Werke，Band I，Suhrkamp，Frankfurt am Main，1986，P.369.

55 Arthur Schopenhauer，Die Welt als Wille und Vorstellung I，

們音樂是宇宙中除了水、土、空氣、火以外的第五
種元素，這種宇宙的第五元素的地位，意味著是人
類不可缺的價值。因此，他認為音樂要比凡塵世界
的所有思想要多得多。就是這種專屬於音樂的普遍
性，在最精確的直覺反應中，才突出了音樂在人類
的最高價值。也就是叔本華所說的是一種真正的哲
學。尼采在其“悲劇的誕生”一書中一開始就指
出，阿波羅（Apollon）的雕塑造型藝術和戴奧尼修
斯（Dionysos）的音樂而非雕塑造型藝術，這兩個
藝術保護神之間的巨大差別。再以這二位藝術神的
關係襯托出叔本華的音樂思想的核心，他認為在許
多偉大思想家中，只有叔本華是唯一被啓示而完全
了解阿波羅造形藝術和戴奧尼修斯音樂藝術之間的
巨大矛盾。叔本華因沒受到希臘宗教象徵意義的影
響，他確認音樂有一種和所有其他藝術完全不同的
特性和起源，因為音樂不像所有其他的藝術在於複
製現象，而是意志的直接影像。因此音樂是世界上
所有物質事實的形而上的存在，相對於現象音樂是
物自體[56]。而尼采在引述了叔本華對音樂的思想後他

Sämtliche Werke , Band I , Suhrkamp , Frankfurt am Main , 1986 ,
P.365.
56 Nietzsche , La naissance de la tragédie ,Traduit de l'allemand par
Geneviève Bianquis ,Gallimard , Paris , 1949 , PP. 106-107.

講出他的看法，他說"跟據叔本華的學說，我們了解到音樂的直接語言就是意志的語言，而我們的想像被激發在具體事實中，那種以生動姿態走向我們看不見，卻有豐富感情的精神世界。另外，音樂提升了觀念和影像的意義"[57]。尼采就在這精神世界、想像及虛構的認識下把戴奧尼修斯的音樂和叔本華的音樂劃上等號，他更為叔本華的音樂王國提供條件，他說"戴奧尼修斯合唱隊員的人羊神所在的世界，是經過神話和祭儀認可的世界"又說"那虛構自然的存在，人羊神和文明人的關係，正如戴奧尼修斯音樂和文明的關係一樣。就像華格納（Wagner）說的文明被音樂掩沒就像燈光被日光掩沒一樣"[58]。由此，看到尼采是認同叔本華的看法音樂是世界的第五個元素 Quintessenz 的思路。當然尼采就如叔本華一樣放棄了冷漠的概念，所以必須放棄語言學的普遍性，但是像叔本華、尼采這種音樂家在音樂的表達上永遠不可能好過一個唱歌的人，所以，這就造成尼采的困惑，在他寫的作品中，他希望唱，但又不滿意唱的語言，這也正是叔本華的困惑，在

57 Nietzsche , La naissance de la tragédie , Traduit de l'allemand par Geneviève Bianquis , Gallimard , Paris , 1949 , PP. 110-111.
58 Nietzsche , La naissance de la tragédie , Traduit de l'allemand par Geneviève Bianquis , Gallimard , Paris , 1949 , P.55.

他的音樂思想中，他也希望是音樂家，純音樂家，
更可在其精神深處做出無限的創作，但是這將不會
留下一絲痕跡。而在哲學家的立場，叔本華是否希
望唱出哲學的話語，我們可以肯定他絕對不願看到
有任何話語在音樂中表出，包括哲學的話語。這就
是尼采說叔本華是唯一了解阿波羅和戴奧尼修斯之
間矛盾的哲學家。自古希臘以來音樂都是話語最重
要，亦即音樂不能擺脫概念，連柏拉圖都說"我們
的原則是節奏與和音是因歌詞而定，不是歌詞因節
奏與和音而定"[59]。而叔本華則完全反對柏拉圖這種
說法，反而強調"戲劇中歌曲的歌詞，永遠不能忘
記它的從屬地位，而使自己強占了首要地位，使音
樂成爲一種表達歌詞的方法。這是大錯，也是一種
荒謬"[60]。所以，叔本華可說是一個傳統音樂的逆行
者，尼采就是接下他音樂指揮棒的後繼人。

　　叔本華怕詞語和音樂結合有雜質沉澱物，所以
詞語是不需要的，而音樂可以激發我們的想像，就
這種意境來說完全沒有什麼可以再說的，這就是叔

---

59 Platon , La république , Introduction , traduction et notes par
　　Robert Baccou , Garnier Frères , Paris , 1 966 , P.152.

60 Arthur Schopenhauer , Die Welt als Wille und Vorstellung I ,
　　Sämtliche Werke , Band I , Suhrkamp , Frankfurt am Main , 1986 ,
　　P. 365.

本華音樂形而上的最跟本的態度。如果音樂成為詞
語的解釋，那音樂將不再有原本自然的展示，而是
一種被表現，這樣將和叔本華強調音樂可以沒有世
界而獨自存在的理論相矛盾。相反的，在他的世界
裡話語只是音樂的僕人，只能是音樂的從屬。

　　對叔本華而言，音樂是神性的東西，其實我們
也認為藝術的最高境界是離不開神的，被 Erwin
Panofsky 形容為藝術史的創造者的 16 世紀藝術界
的重量級人物 Giorgio Vasari[61]，在其經典藝術名著
"最好的建築師及雕塑家、畫家的生活"一書中，
評述達文西時說達文西的形體美可挑戰所有的贊美
詞，他的行為有無限的恩賜，他的天份如此完整及
如此有能力可使他很容易解決在他精神上的困難
時，就是用神的超越價值來形容，他說上天的影響
天下雨，這是給人類極好的禮物，這是自然的結果，
但在同一個人身上的能力、恩賜、美，在這堆積中
洋溢著有一些超自然的事物：在運用時，每個人的
姿態是如此有神性，使得所有人都被遮蓋，我們很
清楚知道這是牽涉到神的恩典，完全不須人的力量

---

61 Erwin Fanofsky , L'oeuvre d'art et ses significations , Éditions
　Gallimard , 1969 , P.138. Panofsky 說 Vasari 開創一種解釋，就
　是把一個相同時代的一些作品，看成是一個時代的表達的態
　度。這就是藝術史的誕生。

62。所以，在藝術史中依靠神的力量來達到其心靈的盼望叔本華並非第一人，不過他把音樂的地位放在超越一般藝術則是第一人，所以在叔本華的藝術世界裡藝術的動機只有一個，就是把音樂推上宇宙的最高峰，對音樂而言，並不存在任何個別的對應物，令我們感到一種完全直接的走向普遍性，而從個別特殊性中超越出來。所以音樂可跨過觀念，不會把我們生命的內涵放入個別特殊形式中，而是完全直接用自己的語言完整的表達。音樂所表達的就是喜怒哀樂自身，就是存在的本質，所以它比任何其他藝術更能遠離物質，雖然在現實世界裡，貝多芬的音樂總是被樂器或聲音帶來對他作品的背叛，又因為在事實上，由於音樂逃脫不了物質性，不可能有真正完美的音樂，但在叔本華那裡他不惜一切代價確定了宇宙間有的只是天使之音。

雖然叔本華在其論文集中對謝林不以為然，並大大批評謝林的思想63，但我們認為謝林對藝術的看法給了叔本華很好的啟示。在他的 "藝術哲學" 書

---

62 Giorgio Vasari，Les vies des meilleurs peintres，Sculpteurs et architectes，Volume I，livre V，Traduction et édition commentée sous la direction d'André Chastel，Actes Sud，2005，P.31.
63 莫詒謀，德里達（Derrida）與柏拉圖（Platon）的文字遊戲，新亞學報第 25 卷，香港，2007，P.202.

中謝林接受不再是哲學需要藝術，相反的只有哲學
能打開乾涸的藝術原始來源的新反思。他曾經回應
了如何由單一過渡到繁多以及絕對如何成爲可區別
及可感覺，他認爲在一般哲學就像在藝術哲學一
樣，而這個單一及單獨的絕對自我又如何轉變成雜
多及可感覺，事物特殊的美如何可由絕對及普遍美
中顯示出來。是以哲學透過原型或觀念的理論來回
答這個問題[64]。又說"神是所有藝術的直接原因"
[65]。而且謝林在他的"先驗唯心論體系"一書的第六
章認爲真正的藝術家，雖然是極其深思熟慮地進行
工作的，卻不知不覺地把這種深不可測的奧秘遷移
到自己的作品裡面，無論是他自己還是任何其他
人，都完全無法深入了解這種奧秘。他還認爲美學
中的天才就等於哲學中的自我，就是說，最崇高的
事物就是絕對實在，它自己雖然決不會變爲客觀
的，卻是一切客觀事物的原因。而且，還強調藝術
家在自己的作品中除了表現自己以明顯的意圖置於
其中的東西以外，仿佛還合乎本能地表現出一種無

64 F.-W, Schelling，Philosophie de l'art，Traduction par Caroline
Sulzer et Alain Pernet，Éditions Jérôme Millon，Grenoble，1999，
P.60.
65 F.-W, Schelling，Philosophie de l'art，Traduction par Caroline
Sulzer et Alain Pernet，Éditions Jérôme Millon，Grenoble，1999，
P.77.

限性，而要完全展現這種無限性，是任何有限的知性都無能爲力的，所以他只好借用希臘神話本身所表達的一切思想的無窮寓意來說明藝術[66]。我們肯定叔本華的音樂正是借助類似謝林所講的神的無限寓意的本質，來爲音樂自圓其說，所以音樂所呈現的是個人絕對的沉思，當然這沉思是以音樂爲主題，音樂是一種普遍的了解，並不需要一種普遍的語言來討論。音樂是不能討論、不能轉化、不能超越的一種絕對的表達。音樂的話語直接與心相連，音樂精神穿越時間與空間，它這種把一切它以外的任何事物排除在它自己的範圍以外，因此，它不再是表象，也就是說一切物質概念化的事物完全不存在於音樂世界中，所剩下來的就是本質，就是音樂的原始的純靜本身，所領會到的就像神一般的本質。這就是我們所看到叔本華把音樂推到極點而成爲神的原因和方法。

在這音樂王國中，對和諧觀念的尊重也是不可不提的，叔本華受印度佛教影響很深，這是讀過他著作的人都必定認同的，德國的“叔本華年報”有一篇論叔本華與印度的論文指出，佛教的核心理論

---

66 [德] 謝林 著 ，先驗唯心論體系，梁志學　石泉譯 ，商務印書館 ，北京，1997. PP. 268-269.

就是要用實踐執行的方式不斷去超越到彼岸世界以
求超脫自己，而且要用實踐的方法去達至和諧[67]。就
是在這種和諧的哲學思想爲基礎，發展出以音樂來
忘記生命的一切苦痛的音樂幸福王國，所以對叔本
華的功能來看，音樂在其王國中的表達是十分清楚
的，正因爲這音樂的表達只在本質上的心傳心的表
達，關於旋律與諧音的說明，叔本華強調只在完整
的諧音中音樂才是完美的，旋律是由高音完全領
導，但需所有其他音伴奏，直到最低音的低音，而
這低音又是某種音的來源。旋律融入諧音，就如諧
音融和旋律一樣，因此，只有在諸音俱全的整體中，
音樂才能表達它想表現的東西[68]。所以對叔本華來
說，他只要能保護音樂的原始純潔性即可，以這原
始純潔性，叔本華更運作出一種哲學的深層行爲，

---

67 Helmuth von Glasenapp , Schopenhauer und indien , Jahrbuch der
　　Schopenhauer-Gesellschaft , Vol .36, 1955 , P.47.
　　德國的 "叔本華年報"（Jahrbuch der Schopenhauer-Gesellschaft）
　　應該是目前全世界研究叔本華最重要的資料之一。該年報自
　　1912 年出版第一期以來到 2007 年一共出了八十八期，其中許
　　多年代的版本都有討論叔本華與印度的佛教問題，例如 2007 年
　　第 88 期一開始就有三篇有關叔本華與印度的文章，我們非常確
　　定叔本華深受印度佛教思想的影響。
　　參閱：Jahrbuch der Schopenhauer-Gesellschaft ,Vol. 88 , 2007 .
68 Arthur Schopenhauer , Die Welt als Wille und Vorstellung I ,
　　Sämtliche Werke , Band I , Suhrkamp ,Frankfurt am Main , 1986 ,
　　P.370.

以叔本華的智慧不會不知道柏拉圖“理想國”第三卷中所講的話，一個人只能做好一種職業，如他想同時做好幾種事，那他就連一件事也做不出名堂來，一個人不可能同時扮演一種重要職業，同時又模仿許多其他角色，即使兩者間有密切聯繫，同一個人不可能把兩者都做得成功。例如悲劇家和喜劇家不可能勝任兩種形式的作品。柏拉圖這種想法把柏拉圖自己都由詩人回歸到哲學家的身份。

另外，在叔本華之後，托爾斯泰對華格納也有類似的批評，他認爲華格納想結合一種詩與音樂最內在的方法時說到“音樂的藝術無法在聽從於戲劇藝術又不失其原有的意義，因爲所有的藝術作品，如果它是好的，是藝術家內在情感的表達，是一種完全特殊的情感，這種感情只能在特別的形式中找到他的表達，想要使某一藝術的產品和另一藝術產品結合爲一體是不可能的要求”[69]。我們引述華格納在“神的黃昏”（Gotterdämmerung）中的一段話，“在宮庭裡及樹叢中，你今後看到我有一種無度的喜悅……這個就是愛帶來的幸福，就像我愉悅的心

---

69 Léon Tolstoï , Qu'est-ce que l'art ? Traduit du russe par Teodor de Wyzewa , P.U.F. Paris , 2006 , P.138.

情！……"　[70]，這段話並沒有什麼特別令人神往，也不是什麼絕句的詩詞，但是如果加上音樂效果就完全不同，尤其在舞台出現就更令人響往。我們認爲劇中的對話當然重要，一般都是先有劇本創作後有音樂，但是絕對不是最重要，做爲一個音樂家，問題在於是否能將音樂文字和詩詞完成內在結合，而不可能詩詞和音樂各自獨立、各自表現，我們說華格納想當詩人，同時又是音樂家，他也曾經有這企圖的表白，但並沒有成功。由上論述，我們可以很肯定的說叔本華不是個什麼藝術家，他只是一個真正的哲學家。而且康德在"判斷力批判"中也說過美的哲學論說是不可能的，美不是現象本體，而是一種理想，是一種人類文化的產物。叔本華就在這些認知上要把音樂注入哲學中，給音樂一個真正的位置，而叔本華所建立的美的哲學論說，不是一般所講的美學，而是一種美的形而上學，Adorno 以理性的立場去批判叔本華的非物質化之後也指出叔本華的美學是哲學的美學[71]。

---

70 Richard Wagner , Götterdämmerung （ Crépuscule des Dieux ）, Bilingue , Traduction française avec indication des leitmotivs par Jean d'Arièges , Préface par Marcel Doisy , Flammarion , Paris , 1994 , P.204 及 P.205.

71 Theodor W. Adorno , Théorie Esthétique , Traduit de l'allemand par Marc Jimenez , Klincksieck , 1995 , P467.

　　因此，他創建了音樂形上學的理論，叔本華在
19 世紀中最擔心的是哲學與藝術尤其是音樂的混
淆，所以他並不認同 "爲藝術而藝術" 的 19 世紀的
口號，因爲 "爲藝術而藝術" 在強調藝術形式本身
的確有它特殊的地方，但是這種藝術形式總是要依
附在其他的主題意義上才可能存在。而叔本華的音
樂是有自己的主題，有自己的用語，去表達出來。
這種音樂表達的能力，表達一種思想的內在形式，
造就自然的活力，帶出整個人類的本質，這種本質
正是意志本身的表達，而在表達意志和世界結合的
運作上，叔本華透過音樂的原始純潔性早己唱出和
諧之音，但在現實世界，和諧標示著真實世界的秩
序，而且可提升真實世界的旋律，在旋律與和諧的
結合上令真實人生更完美。但是，叔本華強調音樂
超越世界，這裡更意味從本體論來看現象世界的音
樂是不完美的，原因是在現實世界的音樂中必然會
遇到障礙，叔本華不是不清楚這種現象世界的缺
點，更不是不知道這種現象世界中完美音樂的不可
能，所以在他的音樂王國中，他所講的旋律、節奏、
和諧……等等都必須有那神性的元素，這就是音樂
家和叔本華不同之處，音樂家就是藝術家，他必須
吸取過去、今日、未來的一個整體，而且調整琴弦

是演奏之前必須執行的一件最重要的事實行為，因為他們知道音樂不可能是完美的，只能說是比較完美的音樂，他們在雜多世界的不完美中盡量企圖找出比較完美的方法。而叔本華則完全不同，他忘記過去，只知未來，只找尋完美，在他的世界中音樂是不需要調整琴弦的，在整個世界裡都只是一種意志的表達，只是一種意志的現象學，當然就是一種形上學，更是一種通往與和平存在密不可分的神學大道。

　　總言之，叔本華的音樂相對於它的客體具有無限大的自由，即使他純屬虛構而非事實，但他在藝術中除了對聲音的直覺外，最主要是他把生命的內在本質和整體作為音樂的對象，企圖以音樂超越意志，使人在受意志折磨的痛苦中解脫出來，這就是叔本華把音樂當成神以及對人生幸福的理解。幸福就是痛苦的消失，就是意志的消失。我們不必以傳統的概念或來布尼茲的算術音樂來批判叔本華音樂的虛幻性，曾如柏拉圖很有智慧的啓示我們，他說"如果有人畫出一幅理想美男子的畫像，非常完美，但他不能証明這美男子可能存在，那你會說他不是好畫家嗎？當然不會的"[72]。所以只要叔本華能為人類帶來生命的幸福，那他的音樂形上王國是值得我們長期定居下去的。

---

72 Platon , La république , Introduction , traduction et notes par Robert Baccou , Garnier Frères , Paris , 1966 , P.228.

第五章 結 論

　　叔本華的藝術給我們的啓示不僅是以概念化或實用性去看事物，更要以真實事物五光十色、多彩多姿、活生生的影像去建構一個深層的認知精神。就是由概念到觀念的轉化，所以，藝術對叔本華來說只是一個生命過程。人性的特徵是不可能被局限於某個框框，當人性壓抑到了極限，它就要爆烈，就是所謂的超越，叔本華就是用藝術來完成這個超越，其方法就是意志客體化。就像亞里士多德的悲劇要清除感情一樣，叔本華的藝術正是要清掃意志給人類帶來的困惑，他利用藝術把意志催眠，使藝術產生像神秘主義般的魅力進而成爲人類理智的啓示者。

　　做爲一個傳統音樂的反叛者，在叔本華思想中建築、雕塑、繪畫、詩歌、悲劇，永遠是一種藝術等級，只有音樂這個他不把它當藝術的藝術，才是他藝術哲學的本質。由等級到本質，意味著對塵世利益棄絕的低層等級到“無”的最高境界。在叔本華心中，藝術家絕不是他當下的本身，而是一個永遠達不到目的地的苦行者，也是一個活在幻想世界路上的追尋者。正由於藝術的永恆不足性，甚至即使音樂是他心中的藝術，也是一種存在，也是一種意願，在人生中還是痛苦一場，所以他提出透過佛教的清心寡欲及涅槃來達到"無"的境界，必能消除意志，進而尋得人生的解脫，這是叔本華唯一真正能否定生命意志的途徑。

　　有人批評叔本華的美學系統有弱點，有人說他像普羅丁（Plotin）一樣，用哲學家的眼睛去看藝術的內在世界，更有人想說他企圖跳入藝術家俱樂部成為會員，但他缺乏藝術。照我們的看法，叔本華思想中美的形而上學對感覺與沉思的描述是成功的。他在"意志與表象世界"第三版（1859年出版時他72歲，而且已經成為對人類有影響的哲學家）序言中只說了很少的話，但他這話的力量要百倍強過說很多話，他借用和但丁齊名的文藝復興之父Petrarca的話說"如果一個人走了一天的路，晚上終於走到了目的地，該滿足了"。接著叔本華就說"我也是最終走到了目的地"，他這個目的地，就是成為了經典哲學家。

徵 引 文 獻

一、中文書目

1. 易經集註，瑞成書局，台中，1964。

2. 王弼著，老子道德經注，陸德明釋文，世界書局，台北，2001。

3. [清]孫希旦撰，禮記集解（下），中華書局，北京，2007。

4. 梁思成，中國建築史，百花文藝出版社，天津，2005。

5. [德]弗里德里希・席勒，審美教育書簡，馮至，范大燦譯，上海人民出版社，上海，2003。

6. 莫詒謀，叔本華的美學原理，初版，水牛出版社，台北，1987。

7. [德]格羅塞著，藝術的起源，蔡慕暉譯，商務印書館，北京，2005。

8. 陳啓仁、張欽韶，認識木建築，木馬文化出版社，台北縣，2003。

9. [英]阿倫・瑞德萊著，音樂哲學，王德峰　夏巍　李宏昀譯，上海人民出版社，上海，2007。

10.趙廣超，不只中國木建築，三聯書店，北京，2006。

11.[德]謝林著，先驗唯心論體系，梁志學 石泉譯，商務
印書館，北京，1997。

二、外文書目

1. Xavier Barral I Altet, Histoire de l'art, P.U.F. Paris, 2004.

2. Aristote, La métaphysique, Tome I, Nouvelle édition entièrement refondue, avec commentaire Par J. Tricot, Vrin, Paris, 1964 .

3. Aristote, Parties des animaux, Livre I, Traduction de J.-M. Le Blond, Introduction de Pierre Pellegrin, Flammarion, Paris, 1995 .

4. Aristote , Poétique , Traduction du grec par Odette Bellevenue et Séverine Auffret , Éditions Mille et une nuits , 1997 .

5. Theodor W. Adorno, Théorie Esthétique, Traduit de l'allemand par Marc Jimenez, Klincksieck, 1995 .

6. Raymond Bayer, Histoire de l'esthétique, Armand Colin, Paris, 1961.

7. Luc Benoist, Histoire de la peinture, P.U.F. Paris, 1977.

8. Luc Benoist, La sculpture en europe, P.U.F. Paris,1949 .

9. Henri Bergson, Essai sur les données immédiates de la conscience, 155e Édition P.U.F. Paris, 1982.

10.Henri Bergson, La pensée et le mouvant, P.U.F. 63e Édition, Paris, 1965.

11.Bernard Bosanquet, Three Lectures on Aesthetic, The Bobbs- Merrill company, inc. Indianapolis, New York, 1963.

12.Ernst Cassirer, Essai sur l'homme, Traduit de l'anglais par Norbert Massa, Les Éditions de Minuit, Paris, 1975.

13.Jean-Luc Chalumeau, Les théories de l'art, Librairie Vuibert, Paris, 2007.

14.Alighieri Dante, The divine comedy, Volume I, Inferno, Translated with an introduction , notes and commentary by Mark Musa , Penguin Books , Middlesex , 1984 .

15.Descartes, Meditationes de prima philosophia, Méditations métaphysiques, Texte latin et traduction du Due de Luynes, Introduction et notes par Geneviève Rodis-Lewis, Vrin, Paris, 1966.

16.Diderot, Le Neveu de Rameau, Éditions établie, présentée et annotée par Pierre Chartier, Librairie

Générale Française, 2001.

17.Georges Didi-Huberman, Devant le temps, Les Éditions de Minuit, Paris , 2000 .

18.Eric Dufour , Qu'est-ce que la musique?, Vrin, Paris, 2005.

19.Erwin Fanofsky, L'oeuvre d'art et ses significations, Éditions Gallimard, 1969.

20.E.H. Gombrich ,Art & Illusion, A study in the psychology of pictorial representation, Phaidon, London & New York, 2002 .

21.N. Goodman-C.Z. Elgin, Reconceptions en philosophie, Traduit de l'américain par jean-Pierre Cometti et Roger Pouivet, P.U.F. Paris, 1994 .

22.Nelson Goodman, Languages of art, An approach to a theory of symbols, Oxford University Press, London, 1969 .

23.Nikolaus Harnoncourt, Le discours musical , Pour une nouvelle conception de la musique, Traduit de l'allemand par Dennis Collins, Gallimard, 1984 .

24.G.W.F. Hegel, Esthétique, Premier volume, Traduction S. Jankélévitch, Flammarion, Paris, 1979 .

25.G.W.F. Hegel, Esthétique, Troisième volume,

Traduction S. Jankélévitch, Flammarion, Paris, 1979.

26. G.W.F. Hegel, Esthétique, Quatrième Volume, Traduction S. Jankévitch, Flammarion, Paris, 1979 .

27. G.W.F. Hegel, Esthétique de la peinture figurative, Textes réunis et présentés par Bernard Teyssèdre, Hermann, Paris , 1964.

28. Martin Heidegger, Chemins qui ne mènent nulle part, Traduit de l'allemand par Wolfgang Brokmeier, Gallimard, Paris, 1962 .

29. Vladimir Jankélévitch, La musique et l'ineffable, Seuil, Paris, 1983.

30. Immanuel Kant , Kritik der reinen Vernunft , Fourier Verlag , Wiesbaden , 2003.

31. Immanuel Kant , Kritik der Urteilskraft . Fourier Verlag , Wiesbaden , 2003 .

32. André Malraux , Les voix du silence , Gallimard , Paris , 1951 .

33. Bernard Marrey , Des histoires de bois , Éditions du Pavillon de l'Arsenal , Paris , 1994 .

34. Maurice Merleau-Ponty , Sens et non-sens . Cinquième Édition. Nagel , Paris , 1966 .

35. Nietzsche , La naissance de la tragédie , Traduit de

l'allemand par Geneviève Bianquis , Gallimard , Paris , 1949 .

36.Nietzsche , Le gai savoir , Traduit de l'allemand par Alexandre Vialatte , Gallimard , Paris , 1950 .

37.Alexis Philonenko , Schopenhauer , une philosophie de la tragédie , deuxième édition corrigée , Vrin , Paris , 1999 .

38.Platon , Gorgias . Traduction et notes par E. Chambry , Garnier Frères , Paris , 1967 .

39.Platon , Ion , Traduction et notes par E. Chambry , Garnier – Flammarion .Paris . 1980 .

40.Platon , La république , Introduction , traduction et notes par Robert Baccou , Garnier Frères , Paris , 1966 .

41.Platon , Le banquet , Trduction et notes par E. Chambry , Garnier Frères , Paris ,1964 .

42.Platon , Phèdre , Traduction et notes par E. Chambry , Garnier Frères , Paris , 1964 .

43.Jean-Philippe Rameau , Nouveau système de musique théorique , Analyse critique de Joseph-François Kremer , Éditions Aug . Zurfluh , Bourg-la-Reine , 1996 .

44.Clément Rosset , L'esthétique de Schopenhauer , P.U.F. Paris , 1969 .

45.Clément Rosset , Schopenhauer , Philosophe de l'absurde , P.U.F. Paris , 1994 .

46.Charles Rosen , The Classical Style , Haydn , Mozart , Beethoven , Norton , New York • London , 1997 .

47.Charles Rosen , The romantic generation , Harvard University Press , Cambridge , Massachusetts , 1995 .

48.Jean-Jacques Rousseau , Discours sur les sciences et les arts , Éditions Gallimard , Paris , 1964 .

49.Jean- Jacquer Rousseau , Émile ou de l'éducation , Garnier – Flammarion , Paris ,1966 .

50.Jean-Jacques Rousseau , La Nouvelle Héloïse , Librairie Générale Francaise , Paris , 2002 .

51.F.-W. Schelling , Philosophie de l'art , Traduction par Caroline Sulzer et Alain Pernet , Éditions Jérôme Millon , Grenoble , 1999 .

52.Alfred Schmidt , Die Wahrheit im Gewande der Lüge , Schopenhauers Religionsphilosophie , R. Piper , München , 1986 .

53.Arthur Schopenhauer , Die Welt als Wille und Vorstellung I . Sämtliche Werke , Band I. Suhrkamp ,

Frankfurt am Main , 1986 .

54. Arthur Schopenhauer , Die Welt als Wille und Vorstellung Ⅱ, Sämtliche Werke , Band Ⅱ, Suhrkamp , Frankfurt am Main , 1986 .

55. Arthur Schopenhauer , Parerga und Paralipomena I , Sämtliche Werke , Band IV , Suhrkamp , Frankfurt am Main , 1986 .

56. Arthur Schopenhauer , Parerga und Paralipomena II , Sämtliche Werke , Band V , Suhrkamp , Frankfurt am Main , 1986 .

57. Roland Schweitzer, Construire en bois, Presses Polytechniques et Universitaires Romandes, Lausanne , 2007.

58. Shakespeare , The Complete Works , Second Edition , Houghton Mifflin Company , Boston / New York , 1997 .

59. Georg Simmel , Gesamtausgabe , Band 10 , Suhrkamp , Frankfurt am Main , 1995 .

60. Léon Tolstoï , Qu'est-ce que l'art ? Traduit du russe par Teodor de Wyzewa , P.U.F. Paris , 2006 .

61. Giorgio Vasari, Les vies des meilleurs peintres, Sculpteurs et architectes, Volume I, livre V. Traduction

et édition commentée sous la direction d'André Chastel, Actes Sud, 2005.

62. Richard Wagner , Beethoven , Analysé et traduit par Théodore de Wyzewa , Stalker Éditeur , Paris , 2006 .

63. Richard Wagner , Götterdämmerung（Crépuscule des Dieux）, Bilingue, Traduction française avec indication des leitmotivs par Jean d'Arièges, Préface par Marcel Doisy, Flammarion, Paris , 1994 .

64. Richard Wagner , Opera and Drama , Translated by William Ashton Ellis , University of Nebraska Press ,Lincoln and London , 1995 .

65. Heinrich Wölfflin , Principes fondamentaux de l'histoire de l'art , Traduit par Claire et Marcel Raymond , Gérard Monfort Éditeur , Saint Pierre de Salerne , 1992 .

三、論文集、年報、期刊

1. Jahrbuch der Schopenhauer–Gesellschaft , Vol. 28 , 1941 .

2. Jahrbuch der Schopenhauer-Gesellschaft , Vol .36, 1955 .

3. Materialien zu Schopenhauers〈Die Welt als Wille und

Vorstellung〉Herausgegeben, Kommentiert und eingeleitet von Volker Spierling, Suhrkamp, Frankfurt am Main, 1984 .

4. Bulletin de la société française de philosophie , Schopenhauer , Paris , Janvier - Mars 1998 .

5. 莫詒謀，德里達（Derrida）與柏拉圖（Platon）的文字遊戲，新亞學報，第 25 卷，香港，2007。

6. 莫詒謀，叔本華（Schopenhauer）生命意志否定的宗教意義，志蓮文化集刊，第三期，香港，2007。

7. Jahrbuch der Schopenhauer-Gesellschaft ,Vol. 88 , 2007 .

8. 莫詒謀，柏格森動態宗教的生命價值，哲學與文化，第三十五卷第一期，台北，2008。